GENJIN ブックレット 34
現代人文社

13人の無実の叫び

痴漢えん罪被害者ネットワーク編

刊行にあたって

鈴木亜英 弁護士

ある日突然……

今、痴漢えん罪が大きな社会問題になっている。家族も仕事もあり、もちろん前科前歴のない真面目な市民が「被害者」と称する女性の軽率な思い違いや意図的な陥れによって、ある日突然、有無も言わせず犯罪者として扱われるのだ。

捜査手続きの中で不安と屈辱の日々を送り、受忍の限度をはるかに超えた時間の後にようやく身体の拘束を解かれるという事態が日々起こっているのである。

潔白を信じて疑わないものにとって、これほど腹立たしいことがあるだろうか。この種の事件は被害者と称する女性の嘘や思い違いを捜査機関が見抜けず、軽率にもこれを真実と受け止め、違法不当な扱いを「加害者」となってしまった男性に加えることによって進行する。

痴漢事件の被害者は、被害に遭ったことを言いにくい。女性が恥を忍んで訴え出たのであるから、よもや間違いはないだろうという観念が基礎にある。加えて、鉄道警察隊を中心に九六年に始まった痴漢性犯罪撲滅キャンペーンがこれに拍車をかけている。

キャンペーンの実効性を高めるために、痴漢被害を申し出た女性の「勇気」を無駄にしてはいけないという気概が、犯人だと突き出された男性への度を越した扱いとなって現れている。

言い分を聞いてもらえると信じていた被疑者

痴漢行為は「迷惑防止条例」と刑法「強制わいせつ罪」のいずれかで取り締まられている。警察庁によると、前者による逮捕者は、一九九四（平六）年二七一件が一九九八（平一〇）年八六六件と三倍強、後者による逮捕者は一九九四年に五七件が一九九八年に一〇八件と二倍近くに達している。明らかにキャンペーンの影響が見て取れる。

迷惑防止条例違反送致件数増加率　——犯罪統計書より——

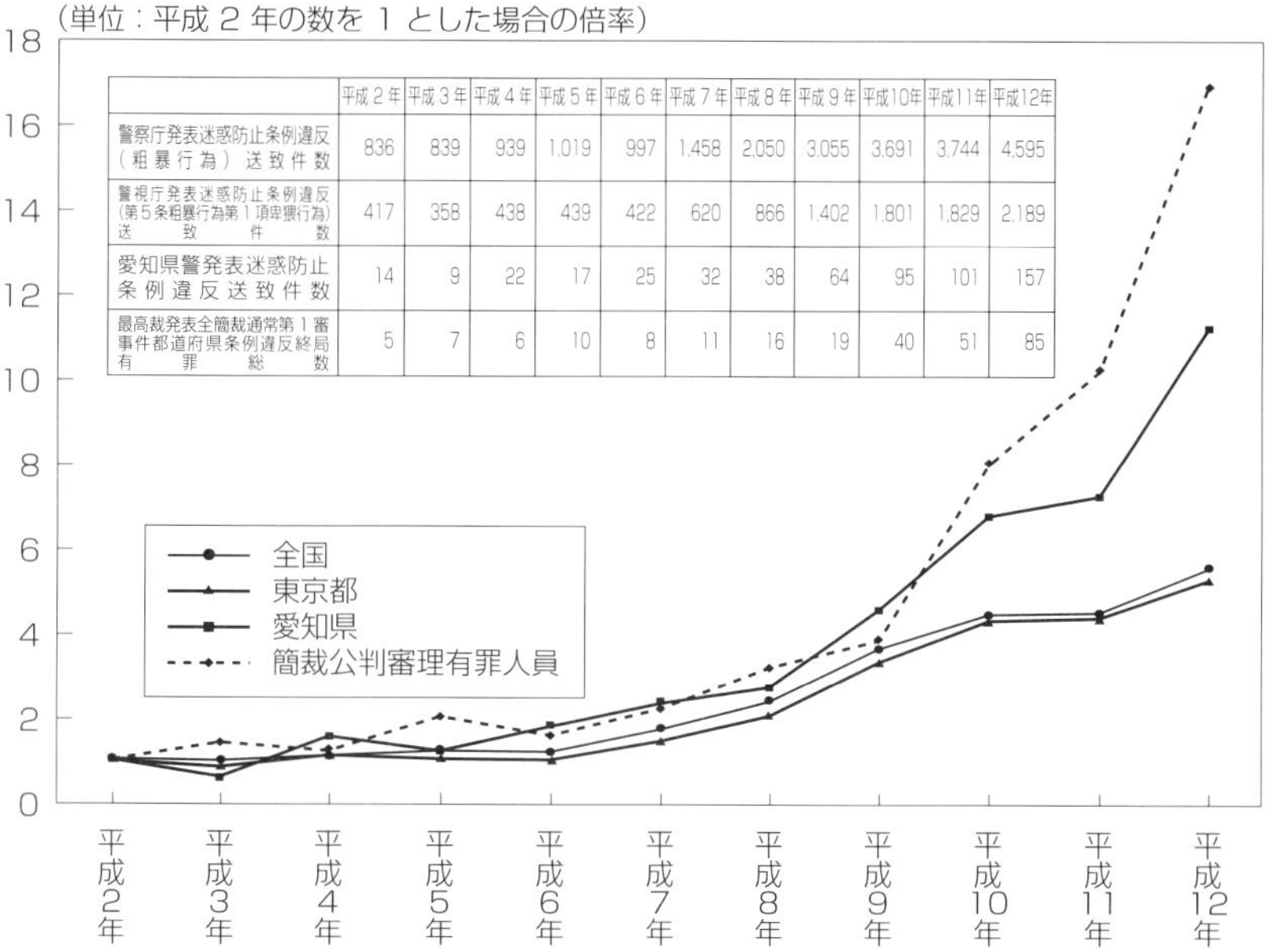

	平成２年	平成３年	平成４年	平成５年	平成６年	平成７年	平成８年	平成９年	平成10年	平成11年	平成12年
警察庁発表迷惑防止条例違反（粗暴行為）送致件数	836	839	939	1,019	997	1,458	2,050	3,055	3,691	3,744	4,595
警視庁発表迷惑防止条例違反（第５条粗暴行為第１項卑猥行為）送致件数	417	358	438	439	422	620	866	1,402	1,801	1,829	2,189
愛知県警発表迷惑防止条例違反送致件数	14	9	22	17	25	32	38	64	95	101	157
最高裁発表全簡裁通常第１審事件都道府県条例違反終局有罪総数	5	7	6	10	8	11	16	19	40	51	85

『刑事弁護ニュース』25号（2002年４月18日）名古屋弁護士会・刑事弁護委員会より

しかしこのなかで、捜査機関が被疑者の無罪推定の原則に立脚すべきことを忘れ、「被害者」女性の証言の正確性や真実性をチェックする機能を著しく低下せしめてしまっていると言わざるを得ない現象が起こっている。

連行された、あるいは出向いた駅事務室においても、警察においても不思議なことに「加害者」の弁解は全く聞こうとしないし、聞いて貰えない。取調手続きにおいても同様である。申し開きをしても返ってくるのは取調官の悪罵だけである。

どこかで言い分を聞いてもらえると信じていた被疑者は、まずここで絶望に追い込まれる。次いで、異常に長時間の拘束により、被疑者は家族および職場との理不尽な分断を甘受しなくてはならない。

不本意ながら、有罪を認めて罰金を払ってしまおうという誘惑と、この屈辱を晴らすには否認を貫いて闘うしかないという正義感の間をゆれながら、職場はどうなる、家族はどう思っている、という不安にさいなまれるのである。

この間に、無実を心の中で叫びつつ、ひどい仕打ちにくじけて略式罰金に同意するものは多いと聞く。だが、無実を主張し略式罰金の「誘惑」をはねのけて公判手続きに臨んだとしても展望は明るくない。裁判所の高い壁の前にあえなく敗退した被告人は、倍加した苦痛を耐え忍びながら、職場での解雇・失職や家族との不和なども闘わなくてはならないのである。

しかし、この絶望が裁判手続きのうえでは誇張ではないことをこれまでの裁判例は示してきた。一九九九年までの一〇年間、痴漢を否認して公判に持ち込んだ二〇三人は努力の甲斐なく全て有罪。痴漢えん罪が社会問題となった二〇〇〇年には八件の無罪判決が出たものの、マスコミ報道が下火となった二〇〇一年は無罪判決は三件にとどまり、今年はこの半年間、一件の無罪判決も出ていない。

そんな事情にありながらも、東京簡裁では現在も二〇件以上の被告人が無罪を争って闘っているのである。

権利救済と再発の防止を求める

痴漢えん罪は大きく分けて二類型があると言ってよい。一つは被害女性の見誤りである。実際に痴漢被害に遭った女性が混雑した電車の中で自分の背後にいる犯人を見誤る場合である。

無実を主張しながら無理矢理引っ張られた男が、裁判で立派な反証をして無罪になったケースが最近続いている。しかしそれも容易な道ではない。無罪のために力を尽くす者がいて、注意を喚起するメディアがあって、国民がそのことに注目して、そのことが社会問題にまでなって、はじめてなしうることであって、裁判所に任せておけばいいと言うものではないことを、先に述べたように一〇年間すべて有罪の事実が示している。

しかし、見誤りはまだ罪が軽い。痴漢えん罪が起こるのはそうした場合ばかりではないのである。

二〇〇〇年、大阪・阪急宝塚線での「ムカつく」ので突き出した事件、一九九八年JR東海道線での誤ったと気づきながら意地で正当化してしまう事件、二〇〇〇年JR常磐線での示談金狙い事件など、「被害者」と称する女性の側に犯罪の申告とは別の意図があって、無実を承知で男性を駅員や警察に突き出す事件も続いている。

痴漢撲滅キャンペーンを悪用した許し難い事例が起こりはじめているのである。これは訴えれば一も二もなく女性の言い分を、いわば無批判に取り上げてくれるという捜査機関側の甘さを逆用しているのである。

沖田事件（本書一二頁）はまさにこうした悪質事例のひとつであり、単なる恨みで無実の男性である原告を突き出した被害女性の責任は非常に重い。

沖田国賠訴訟の原告の屈辱・無念・恐怖を他の何の罪もない人々に味わせてはいけないのである。女性の嘘を軽率にも真に受け加害者に違法不当な扱いを強いた捜査機関にこの事件は重大な警鐘を鳴らし原告の権利救済と再発の防止を求めるのが沖田国賠訴訟の意義であり、課題なのである。

（すずき・つぐひで／沖田国賠訴訟代理人）

伊藤事件

証拠に基づいた取調べと裁判を

――勾留三〇七日！　最高裁まで闘うが実刑判決。
――一〇ヶ月間の刑務所生活を経て再審請求を準備中。

伊藤直樹

突然「やめてください」

私は一九九九年四月一三日に、埼京線池袋駅から新宿駅に向かう電車内で、事件に巻き込まれました。池袋駅の乗降が終わり、電車が発車してから数分後のことです。ドアと並行して立っていた私と、T字型に接触していた女子高校生が、私のほうを振り返り突然「やめてください」と言ってきました。

私は、とっさに痴漢に間違えられたと思い、「俺じゃないよ」と否定しました。そしたら、私の左斜め前方にいた男性が「女の子が嫌がっているんだからヤメロよ」といったので、「オレじゃないといっているだろう。お前、（俺が触っているとこ）見たのか」と言い返したところ、男性は「下に目があるわけではないから見れない」とハッキリ言いました。

そして、男性と新宿駅に着くまで睨み合いが続きました。男性と言い合ってしばらくしたころ、女子高校生は、私の左腕を掴んできましたが、私は自分が何もしていないのに、逃げるのも嫌なので、されるがままにしていました。

新宿駅に電車が着くと、男性がホームにいた警察官らしき人物に「おまわりさーん、この人痴漢です。捕まえてください」と言いました。

後日に聞いた話ですが、たまたま四月ということで『痴漢取り締まり強化月間』にあたっており、鉄道警察隊がいたとのことでした。

「とりあえず駅事務所で話そう」といわれ、向かいましたが、そこでは、話し合いはされず、すぐに「それ以上の話は別なところで」と、新宿警察署に車で連れて行かれました。

容疑否認のまま現行犯逮捕

警察署に着き、刑事課に入っていくと、「オマエか、この変態野郎は」と、さんざん罵倒され、取調べも「オマエしかいない」の一点張り。体に暴行を加えられることはありませんでしたが、耳元でデカイ声を出したり、机を叩くという精神的な追い込みはありました。

テレビドラマによくあるように、若い刑事が怒鳴り、年配の刑事が諭すという戦法です。

こちらが、いくら否定（容疑そのものがないのだから、否認ではない）しても、一切、聞く耳をもたず、数時間の取調べのち、「よしわかった。容疑否認のまま現行犯逮捕する」と言ってきたのです。証拠も何もないのに、逮捕されるなどとは、夢にも思っていなかった私は驚きで言葉も出ませんでした。

検察の取調べもひどいものでした。「やっただろ。お前はやっているよ」の一点張りで、こちらが「やってません」と言うと、「やってるよ。だって、顔に書いてあるもん」と、加藤匡倫検事は言いました。

これには怒りを通り越して、呆れるよりほかにありませんでした。日本の最高学府を卒業し、最難関の司法試験を合格した人が、まるで、子どもの喧嘩のような低レベルな言葉を発するのですから。

警察も検察の調べも、ただ、「やっただろう」ばかり。実況見分もしなければ、現場検証もしない。女子高校生の着衣からの指紋採取もしなければ、私の指からの繊維鑑定もされていない。私の調書の裏取りもしない。物的証拠も目撃者もないのないない尽くしで、こんなので本当に起訴できるのか？　と思っていた私は、不起訴処分になると思っていました。

そしたら、起訴され、裁判になったのです。

荒唐無稽な話

この時点で初めて女の子の調書を読んで、ビックリしました。そこには、現実では考えられない痴漢行為が語られていたからです。

女の子の証言によれば「乗り込んでから電車が発車するまでの二分間に渡って、スカートの上から触られ、スカートの中から触られ、またスカートの上から触られ、最後にパンティーのウエスト部分から尾てい骨あたりまで手が侵入した」というのです。

ご存知の通り、乗り込んでから電車が発車するまでは数十秒しかなく、どんなラッシュ時でも一分間もないはずです。その短時間でまるで集団痴漢にでもあったような被害を受けたと主張していました。

いくらなんでも、こんな荒唐無稽な話が認められるわけないと思っていたのに、一審の野口佳子裁判官は「女性の証言は具体的かつ詳細である」とし、判決理由の中にも「数分間にわたり」と現場検証もせず、裏取りも何ひとつなされていない女子高校生の証言を盲信し、採用して判決を下しました。

こんなバカげた話があるでしょうか。これが平等であり、正当な手続きを踏み、理性的な判断を下した裁判なのでしょうか？

私は一審が終わるまで保釈は認められず、三〇七日の長きにわたって勾留されていましたが、納得いかず拘置所に勾留されたまま控訴しました（高裁開始前には保釈された）。

高裁は三回目で判決というスピード裁判で棄却。さらに、上告しましたが最高裁でも棄却され、一年二ヶ月の刑が確定しました。

私は、無実なのにどうして勾留され、刑務所に行かなくてはいけないのでしょうか？　この三年間、「何故」「どうして」という疑問ばかりです。

当然、納得がいかないので、再審請求の準備をし、勝つまで徹底的に闘う覚悟でいます。

裁判上の問題点

① 女の子の証言によれば「乗り込んから電車が発車するまでの二分間くらいに渡って、スカートの上から触られ、スカートの中から触られ、またスカートの上から触られ、最後にパンティーのウエスト部分から尾てい骨あたりまで手が侵入した」とあるが、乗り込んでから電車が発車するまでは「数十秒しかない」ことは明白であるのに、この点を検証することなしに、一審では「数分間」と認定しているが、根拠が明確でない。

② 捜査段階では、「私のお尻をパンティーの上から撫で回した後すぐに」第二の行為に移っているのに、法廷証言では、「結構強い力で……右のお尻を揉むような形で……一回や二回じゃなくてたくさん……動きとしては……早い」と、「撫で回し」から「強い力で揉む」となっている。明らかに証言が誇張されたものになっており、変遷しているが、この点も裁判所は無視している。

③ 犯行当時の女子高校生と私の立ち位置に関して、女性が「真後ろにいた」と主張しているのに対して、「やめろよ」といった男性と私は「女性の斜め後方にいて、真後ろよりはズレた位置にいた」と証言しているにも関わらず、この点を裁判所は

無視している。

また、ピッタリ密着して後ろにいる人物の顔を確認するには、最低でも、人体構造上、肩を四五度以上回さなければ確認できないが、満員電車で「身動きできない状態」だったほど混雑している中で、そんなに体を動かすことが可能だったのか疑問が残るが、この点も検証すらされていない。

④　女性が主張するように、私が「真後ろ」にいたとするならば、女性が主張する「最後にパンティーのウエスト部分から尾てい骨あたりまで手が侵入した」という犯行は、人間の骨格上、不可能であるが、検証することなく、女性の証言を鵜呑みにしている。

⑤　男性は検察官の取調べでも、「被告人から『オレじゃないといっているだろう。お前、（俺が触っているとこ）見たのか』と言われたので、『下に目があるわけではないから見れない』と言った」と語っています。

要するに、（触っていないので当然だが）触っている手を掴まれたわけでもなく、目撃者もいない。ということは、「現行犯逮捕」はおかしく、「準現行犯逮捕」も適用できないはずである。法の拡大解釈も甚だしく、逮捕そのものが違法である。

このほかにも数々の疑問点があるにも拘らず、裁判所は、被告人・原告相方の証言の検証は何ひとつなされていない。そして、一審の女性裁判官は、「女性の証言は具体的かつ詳細であり、不自然、不合理でない」と結論付けているが、これは暴論としかいえない。

また、二審の高裁判決では、「本件においては、犯人と被告人との同一性を認めるべき直接的な証拠としては、被害者の原審（一審）証言しかなく、これを裏付ける客観的証拠に乏しいが」としながらも、女性の証言は信用性があるとして、一審を指示している。

普通、客観的証拠が乏しければ（実際には全くないのだが）、「証拠不十分」になるはずである。いかに強引な判決をしているか、裁判所自体が、客観性・合理性に欠けた判決を出しているかが分かると思う。

なぜ痴漢事件だけ、たったひとりの女性証言（その証言事実に無理があろうとなかろうと）を唯一の「証拠」として、犯罪事実を規定し、人の一生を決めてしまう安易で無責任な裁判がまかり通っているのでしょうか？

私の願いは、殺人事件やその他の凶悪事件と同様に、キチンと証拠に基づいた調べをし、たとえ被害者の証言であろうと裏取りをし、不可能なら不可能であると認める当たり前の裁判をしてほしい。ただ、それだけです。

（いとう・なおき／痴漢えん罪被害者）

大田事件

事実をねじまげて犯人にされる怖さ

――二八日間の勾留の末、起訴。
全く身に覚えのない逮捕に一貫して否認して闘って、無罪獲得。

大田隆幸＋鳥海　準

事件概要

この事件は、一九九八年一月二七日朝、通勤途上の総武快速線の電車内で起こりました。たまたま身動きできない超満員の電車の中で、被害者といわれる女性の後ろに立っていただけで、痴漢の犯人と間違われ本所警察署に逮捕されました。二八日間の勾留の末、起訴されました。本人は全く身に覚えのない逮捕に、一貫して否認して闘ってきました。

一審の経緯

東京簡易裁判所での裁判は、一三回の公判の末、被害者女性の証言には変遷があり、全面的に信用できないとして無罪判決が出されました。一審での争点は、

①　被告人の供述の一貫性、自然さ、客観的証拠との符合。

②　混雑状況について被告人と被害者の接触に時期、被害者の証言には変遷がある。

③　被告人は鞄を手に持っていたか、肩から下げていたか。

④　市川駅以降の接触の仕方に被告人の供述に変遷はあるか。

などでした。

被害者の証言に基づいた、再現写真、ビデオなどを証拠として提出し、採用されました。

3 検察控訴による控訴審

検察庁は控訴期限ギリギリの一三日目に控訴しました。

東京高等裁判所での控訴審では、裁判官の職権による被害者女性の所在地尋問（千葉地裁・非公開）が実施されました。弁護士による反対尋問の途中、被害者女性は法廷から逃走、二度と戻りませんでした。しかし、反対尋問が成立しないまま公判は成立、証拠採用されました。

裁判の結果は、控訴棄却。検察は上告を断念し二〇〇一年五月に無罪が確定しました。

（おおた・たかゆき／痴漢えん罪被害者）

弁護人のコメント

先のとおり、大田事件は電車内で後ろから自己の陰部を女性のでん部付近に押し付け、しかも両手を後ろから回して、同女の陰部を触ったとの容疑事実であった。

このような容疑事実の中で、次の点が事実認定の問題として争われた。

1 被告人は勃起した陰茎を被害者の臀部（やや上部）に押し当てたか

（1）自称被害者は、勃起した陰茎を臀部に押し当てられた根拠として、公判において「温かさと固さで押し付けられていることが分かった」と証言した。

このような証言をどのように弾劾するか、当初は大問題であったが、次のとおりこの点が無罪立証の大きな材料となった。すなわち、被告人と弁護団及び支援者らはこの証言を弾劾するために、被告人自身が被験者となって勃起時の陰茎の温度を専門家（泌尿器科の医師）の知恵を借りながら計測した。その結果、

①勃起時の陰茎の温度は、たとえば、手の甲や太ももの内側の部分と有意的な温度差はないこと

②勃起した陰茎の温度が下着を通してコートの表面に伝わり、その温度が安定するためには一〇数分を要するものであること

が判明した。

ⓐ①の結果から、「温かさ」から陰部と特定することは不可能であることと、

ⓑ実は、自称被害者は船橋で両名が電車に乗り込んだ直後から「温かさ」を感じたと証言しているが、冬の外気にさらされたコートの表面に陰部の温度が伝わり安定するには②のとおり、相当の時間を要するものであることから、

同女の証言の信用性は大きく弾劾された。

（2）また、この論点との関係では、前提として電車の混雑度が重要な要素であるが、事件当日の電車は乗客相互が身動きできないほどの混雑であり、このような混雑状況の中で陰部を押し付けるために腰を動かせば周りの乗客が気づかないはずはない状態であった。

第二に、大きく争われた点は次のとおりである。すなわち、

2　被告人は被害者の背後から両手を回し被害者の下腹部付近を抱きかかえたか

（1）この点について、同女は後ろから回された手のコートを見たと証言しているが、先のとおり当日の電車は身動きができない混雑状況であり、体と腕の間に空間を作ること不可能で、被害者が下を見ても「回した手を見ることは不可能」な状態であったし、そもそも被害者が下を向こうとすれば、べったりとくっついている前の乗客の背中に頭が当たってしまい、下を向くことは不可能な状況である。加えて、当日の被害者は襟と袖口に「フワフワ」のついたコートを着ており、これが邪魔して下を見ることは不可能な状況にある。

（2）のみならず、被告人は鞄を左肩にかけていたが、両手を同女の言うように後ろから回せば、かばんは肩からずり落ちるか左となりの乗客にぶつかる。しかし、左隣の乗客はこのような違和感を何も感じていない。

第三に、被告人において無実である者と矛盾する態度があったか否かが争点となった。

多くの事件で、犯人性を認定する論拠の一つとして、〈犯行〉前後の被告人の言動が問題とされるが、本件でも、車内で女性が被害申告をした直後に被告人が「かんべんしてよ」との発言をしたかどうか、なぜ、被害申告直後に停車した錦糸町駅で降車したのかが争点となったが、

①「かんべんしてよ」との発言の有無については、仮にほんとうに発言があったとすれば当然聞いているはずの女性の隣にいる乗客がまったくそのような発言を聞いていないことから、

②降車の点は、いつもの乗車位置への移動のためであったことが審理の結果明らかとなり、被告人の言動になんらの不自然さがないことが立証された。

（とりうみ・じゅん／弁護士）

沖田国賠訴訟

公権力による人権侵害の実態を知らせたい

沖田光男＋鈴木亜英

不起訴で辛うじて会社は解雇されず首はつながりましたが、私の中にある傷は決して癒えることがありません。この屈辱を晴らすために、警察、検察のあり方を正すため国家賠償訴訟を決意。

携帯電話の使用を注意したら

今から約三年前の一九九九年九月、私は、ＪＲ中央線の車内で声高に携帯電話を使用中の若い女性に「携帯電話は止めなさい」と注意をしました。女性は「わかったわよ！」と言い放って電話を切りました。それから十数分後国立駅で下車し、南口のロータリーを自宅に向かって歩いていたところ、突然二人の警察官によって、痴漢の「現行犯」（東京都迷惑防止条例違反）だとして逮捕され、有無を言わさずパトカーに乗せられ立川署に連行されました。「痴漢された」という女性の虚偽の通告を鵜呑みにした警察官によって逮捕されたのです。そのまま二一日間勾留され、私の処分は嫌疑不十分で不起訴となりました。

それから約三年の歳月が流れました。この間私は片時もこの事件で受けた屈辱、勾留の苦痛、取調べの恐ろしさを忘れることはありませんでした。正直言って、もう過ぎたこととして忘れたい想いは強くありました。しかし、受けた屈辱は決して忘れることはできませんでした。「痴漢された」と申告した女性の一言だけを根拠に逮捕・勾留されてしまうという実に恐ろしい現実を体験し、未だに悪夢のようなあの時のことを忘れさることができません。こみ上げる怒りを抑えることができません。

疑問ばかりの取調べ

事実は「電車の中で携帯電話は止めなさい」と、たった一言注意しただけなのです。なぜ二一日間もの勾留が、なぜ、何回も恐怖を煽る取調べが許されるのか。疑問ばかりでした。否認する度に事態は悪化し、三日の勾留が一〇日になり、それからまた一〇日延び、留置場から出られる望みは薄くなり、失職の不安が高まり、汚名を着せられたことへの悩みは深まる一方でした。不起訴で辛うじて会社は解雇されず首はつながりましたが、その後も、私の中にある傷は決して癒えることがありません。この屈辱を晴らすために、このような警察、検察のあり方をただすため三年の時効を前に慰謝料と損害賠償を求め国家賠償訴訟を決意しました。

検察官の数回にも及ぶ取調べの日は朝八時頃から手錠、腰縄をつけられ、護送車で立川署を出て八王子の検察庁へ行き、取調べのため検察官の部屋に入る以外は、一日中手錠がかけられたままで、昼食は片手錠で与えられたパン切れをたべました。無実であっても、家畜のように、ただ、規則だからといわれ、屈辱的な我慢を強いられる非人間的な日々でした。

取調べでは、すでに最初に警察署で刑事に本当のことをありのままにきちんと話していました。にもかかわらず検察官は密室の中で、脅したり、怒鳴ったり、睨めつけたり、人格を否定する罵声をあびせ奈落の底に落す取調べを行いました。あまりの恐怖で身体が震える思いをしました。それでも私は否認を貫きました。私は携帯電話を止めるよう注意しただけで、「被害者」のいうようなことは何もしていないためです。やっていないことを否認するのは当然と思ったからです。釈放されたいために、してもいない被疑事実を認め、後になって、悔いることになるだろう生きかたを選びたくなかったからです。

この事件で私自身の人権は踏みにじられましたが、同時に私以外にも、痴漢冤罪で、苦しみ、人生を狂わされ、破壊されている人々がいることを知りました。この人たちと手を結び公権力による人権侵害の実態をより多くの人びとに知らせていきたいと願っています。

公権力のあり方を問う裁判

私の痴漢事件は警察官の逮捕と検察官の勾留請求手続きに著

しい違法性があるのが特徴です。

まず、警察官による「現行犯逮捕」です。「現行犯」逮捕とは目の前で犯行を行ったか、たった今犯行が終わったという、誰が見ても「あの人が犯人だ」とはっきりしているとき、令状によらないでできる逮捕のことです。私は逮捕時、普通に自宅に向かって駅前を歩いている一市民でした。もし被害申告一つで市民をいつでも逮捕することができるのなら、誰でもが突然デッチ上げで「犯人」にされることになり、私たちは安心して日常生活を送ることができなくなります。警察とは本来市民生活の安全と秩序を守る役割をもっているはずです。極めて安易に私を「痴漢犯人」と決めつけ、私の言い分を全く聞かないで逮捕したことの違法性は明白です。

つぎに、逮捕の経緯を知りうる立場にあった検察官は、直ちに私を釈放すべきでした。勾留の理由も必要性もないのに二一日間にわたって不当に勾留しました。その真の狙いは私を家族や仕事から切り離し、「ウソの自白」をさせることにあったことは明白です。不当な目的による身体拘束といえます。

沖田国家賠償訴訟はこのような警察官の違法、検察官の不当なやり方をただし、公権力のあり方を問うための裁判です。私自身の名誉の回復を目指し、憲法で保障されている基本的人権を死文化させないため私は声をあげました。小さな声をより大きな声にしていきこの訴訟の勝利のために皆さんのご支援をお願いします。

（おきた・みつお／沖田国賠訴訟原告）

弁護人のコメント

沖田事件の特徴と裁判の意義

1　沖田事件の特徴

沖田事件は、第一にこの事件は犯罪性のかけらもないということであり、第二に身柄に関する手続きだけを取り上げても、逮捕の要件も勾留の用件も全く欠いていた点である。その結果この種否認事件のほとんどが起訴されている中で、捜査当局は結局起訴すらできなかったのである。これがこの事件の最大の特徴である。

2　沖田事件の違法性

① この事件での逮捕は準現行犯逮捕手続きによるものであるが、犯罪と犯人の明白さといった犯罪容疑の濃密性の要件も、事件と逮捕の時間的接着度といった犯行の現行性の要件をも充たしていないにもかかわらず、「被害者」と称する女性の被害

申告を唯一の手がかりとして、しかもこれをほとんど鵜呑みにしたかたちで原告を犯人と決めつけて、身柄拘束したところに違法性がある。この事件は女性の被害申告しかないのであるから、他方当事者の男性から十分事情を聞くべきであった、そうすれば❶電車の込み具合❷女性と原告の距離関係❸本件トラブルの原因❹目撃者の有無❺「被害」遭遇時の女性の対応から事実は判明するはずで、これらをもとに検討すれば、嫌疑の有無及び女性の被害申告の動機など判明したはずである。双方からとりあえず任意で事情を聞くことが捜査の常道である。しかし、そういうこととは、一切お構いなしの有無を言わせぬ逮捕は法が予定した刑事手続きを踏み外すものであって乱暴の極みというほかはない。逮捕要件のないことは原告の身柄拘束に当たった警察官も分かっていたはずであるから、逮捕は故意にも似た重大な過失と言わなければならない。

② 逮捕に次ぐ勾留及び勾留延長も違法である。検察官は容疑の有無は勿論、逮捕手続きの違法性も時間内に素早く点検すべきである。逮捕事件ではあっても、身柄拘束のできないものあるいは身柄拘束の必要のないものは勾留請求すべきではない。この事件では逮捕手続きの違法性が明白でありながら何らこのことに意を配ることなしに原告について勾留請求した。勾留に当っては「相当な嫌疑」が明らかに欠如していただけではなく、逃亡のおそれ、罪状隠滅のおそれいずれも全く存在しなかったのであるから勾留請求はできないはずであった。しかし、検察官はそういうことを十分承知しながら原告を長時間孤立させ、家族や仕事との分断をはかり、原告に肉体的・精神的苦痛を与えることによって原告の否認に対する懲罰的効果を追及するとともに、あわせて、あわよくば原告の「自白」を得ることを目的として身柄拘束の続行を行った。不当な目的による勾留請求であった。

また、勾留の延長もその要件を欠いていた。容疑の不存在、逮捕手続き及び勾留請求手続きが、いずれも違法であったから、勾留の延長もできないが、このことを差し置いたとしても、延長の要件はなかった。「やむをえない事由」があって初めて許される「勾留延長」であるが、この事件においてはかかる事情は一切ない。単に「被害者取り調べ未了」として請求した。勾留は取調べを目的としてはならないことを知りつつ、検察官は被疑者の取調べの「続行」を申し立てている。ここに未了とは被疑者が自白していないこととほぼ同義、ということができるのはこの事件事案の内容や捜査の経緯から明らかである。取調べの続行は捜査機関が原告の否認を止めさせて自白を得ることが目的だったと考えられる。

（すずき・つぐひで／沖田国賠訴訟代理人・弁護士）

日比谷線事件

物的・精神的な負担は計り知れないものが

突然手錠を掛けられ留置場に入れられました。
急性気管支炎などによる体調不良を訴える私に対し、
刑事は「認めれば出してやる」と繰り返し嘘の自白を強要した。

今田勇一*＋佐藤善博

＊仮名

事件のあらまし

一九九九（平成一一）年一〇月二二日（金）、仕事を終えた私は、帰宅するため営団地下鉄日比谷線のドア付近に乗車していましたが、走行中、電車の揺れで左前にたっていたY（女子高生）に二度ぶつかりました。二度目にぶつかった際、前に倒れそうになった私は、左手をドアにつき左足を前に出したのですが、私の左足がYの足の間に入り、一瞬覆い被さるような格好になりました。

Yはこれに腹をたてたらしく後ろを振り返り、大きな声で「うざい」と私に言いました。私はYの態度に驚きしばらくあっけにとられていましたが、電車が北千住駅に到着したので、乗り換えのために電車を降りました。

東武線に乗り換えると、先程「うざい」といった女子高生が、偶然傍らに立っていることに私は気づきましたが、当時、私は大きな鞄（縦四〇、横五〇、厚さ一〇センチ）をもっていたことに加え、車内は相当混雑していて身動きするのが困難な状態であったことから、やむを得ずその場に立っていました。

電車が西新井駅に近づき減速し始めると、側に立っていたYは突然、私に向かって「追いかけて来るなんて思わなかった、超図々しい、痴漢」等のことを言い始めました。

私が「何もやってないよ」というと、Yは「あんたみたいの捕まえるの大変なんだからね。降りなさいよほら！」といって私の胸ぐらを掴んで電車の外へ引っ張って行きました。駅のホームで私はしばらくYと口論していましたが、いつまでも同じことをしていても仕方がないと思い、駅員に話を聞いてもらうためYと一緒に駅員室へ行きました。

しかし、駅員室で私の話は聞かれることはなく、警察官に引き渡されました。

取調べでは、繰り返し嘘の自白を強要

西新井警察署で私は事情を説明しましたが、わずか数時間の取調べ後、罪状や罪名はおろか、逮捕されているという事実すら告げられることがないまま、突然手錠を掛けられ留置場に入れられました。「私は何故、逮捕されるんですか」という問いに対して、警察官から帰ってきた答えは「それは自分で考えろ」という一言だけでした。

その後の取調べでは、急性気管支炎などによる体調不良を訴える私に対し、刑事は「認めれば出してやる」と繰り返し嘘の自白を強要してきました。

私の被疑事実は「日比谷線内において左後からYの臀部付近を触り、次には左手をドアについて、覆い被さる様な格好で左膝を股の間に押し入れようとして上下左右に五分間動かした。『うざい』と言われて一旦は止めたが、電車を乗り換えたYを追いかけ、再び臀部付近を触った」という私には全く身に覚えのないものであるばかりか、ぶつかったことに腹を立てたか、あるいは、偶然同じ車両に乗り込んだ私を勝手にストーカーと思い込んだYが、私を痴漢の犯人にするために事実を歪曲し、痴漢被害を捏造しているとしか考えられないものでした。

あまりに不当な判決

私は無実を訴え一年四カ月にわたり裁判で争いましたが、後述するようにYの供述の変遷や矛盾などを全く無視した、不合理極まりない理由によって罰金五万円の有罪判決（一、二審ともに）を下されました。

Yの供述内容には、❶手による痴漢被害について「スカートを指で摘まれた」「手の甲で触れられました。指の感じがしなかったので手の甲で触っているのだとわかりました」、❷左膝による痴漢被害について「左膝を股の間に押し入れようとして上下左右に動かしてきました。股の間に膝を押し入れようとしたのは五分位でした」「左膝の裏側を中心に上下一〇センチの

範囲に膝を押し当てていました」というように著しい矛盾と変遷がありました。

また、左膝による痴漢行為は、私とYの身長差や位置関係などから、犯行自体が常識的に不可能な荒唐無稽なもので、Yの供述が信用性のない、嘘であることは明白でした。にもかかわらず裁判官は「（Yが）一面識もない被告人を痴漢被害を捏造してまで犯人に仕立てあげなければならない理由は何としても見出し難いところである」という、Yの供述の変遷や矛盾、行為の不自然さを全く無視した理由で私に有罪判決を下しました。

私は判決を不服として最高裁に上告しましたが、あまりに不当な判決を下した裁判所に対して激しい怒りと大きな不信感を抱いています。現在までに裁判費用は六〇〇万円を越え、精神的な負担は計り知れないものがあります。

（いまだ・ゆういち／痴漢えん罪被害者）

弁護人のコメント

魔女裁判よりもひどい裁判

現代日本の痴漢えん罪裁判は、中世ヨーロッパの魔女裁判・暗黒裁判よりもひどい野蛮・未開の裁判である。

1　本件は、被害部位が①「股の間」（警察）②「左足膝裏の上一〇ｃｍの間」（検察）③「左足膝裏の上下一〇ｃｍの間」（裁判）と意図的に大きく三遷し、しかもそこを五分間にわたり、左後ろに立っている被告人（今田）の左足で上下左右にこすりつけ続けられたという常識的・体勢的・物理的に不可能な痴漢行為を被害者は供述した。

また、このように五分間もの長時間執拗に痴漢行為を受けたと供述しながら「うざい」の一言で済んでいる。

これは、電車を乗り換えた後に、「くすぐったい感じ」「つまれた感じ」などと言う、痴漢かどうか分からない感じなのに、胸ぐらを捕まえて「あんたみたいの捕まえるの大変なんだからね、降りなさいよほら！」と言って今田を捕まえた対応とあまりにも違いすぎ、被害者が明らかに「嘘」をついている事案である。

2　今田は、「痛みの王様」と言われる「三叉神経症」の持病をもっていた上に、風邪から急性気管支炎に罹り、そのまま勾留されていたら生命も危ぶまれる状態にあったのに、何の手当もされず、薬ももらえないまま、自白しなければいつまでも留置所から出られないと警察から自白を強要され、やむを得ず嘘の自白をした。

無実のものを長期間拘禁する事自体が拷問である。

客観的な裏付けがなく、被害者の言い分だけで長期間拘禁するのも拷問である。

ましてや、今田のように生命の危険に陥れるのは拷問の最たるものである。

3　中世ヨーロッパでは、自白を得るために拷問が行われ、拷問しても自白が得られない場合「二人以上の信用ある証人による証言」がなければ有罪にできないという「法定証拠主義」という野蛮・未開の刑事裁判が行われていた。

しかしこの「拷問による自白」と「法定証拠主義」は、人権思想の発達と科学的証拠の発達とによって克服され近代刑事裁判が確立された。

科学的証拠によれば「自白」がなく「証人」がいなくても有罪を「合理的疑いを超える証明」で立証できることになったからである。

4　被害者は、五分間も被告人のズボンをはいている左足を上下左右にこすりつけられたと言っていたのであるから繊維鑑定をすれば容易に真偽がはっきりした。

それなのに、生命をかけて拷問して自白させ、客観的な裏付けがなく真偽不明の「被害者供述」を絶対化して「法定証拠主義」化して、被告人に有罪を下すのは、「二人以上の信用ある証人の証言」を必要とした中世ヨーロッパの魔女裁判・暗黒裁判よりもひどい野蛮・未開の裁判である。

5　被害者の「この人に痴漢された」との供述と被告人（今田）の「そのような事は全くしていない」との供述の単純・純粋の対立は、第三者には「真偽不明」である。

「真偽不明」では、「合理的疑いを超える証明」はできず、「疑わしきは被告人の利益に」の原則から、近代刑事裁判では、今田は、当然に無罪にならなければならない。

（さとう・よしひろ／主任弁護人・弁護士）

佐脇事件

完全無罪を獲得したが、失った時間・費用は大きかった

佐脇武士

刑事が入ってきて、お前か「バカヤロー」、「クソヤロー」と言いつつ、机の上に手錠と腰縄がおかれました。これから逮捕すると言われ、目の前が真っ白に……。

事件のあらまし

今から四年前の一九九八年二月五日に事件は起こりました。仕事で群馬県太田市へ出張、妻と一緒にJR東海道線戸塚駅から電車に乗り込みました。横浜駅で妻に「パパ行ってらっしゃい」と見送られ、そのまま乗換駅である新橋駅に向かっておりました。川崎駅では人が乗れない位の混雑になり、電車ドア付近の鉄棒を巻くように立っておりました所、若い背の高い女性が前に割り込んで向き合いました。超満員の電車の中で向かい合うのは嫌ですので、電車のドア付近の壁を右手でつき、彼女を守るようにしてあげました。彼女は一八〇度回転して窓の外の景色を眺めておりました。

「まもなく品川」のアナウンスがあり、前にいた女性からまさぐるように手を掴まれました。「あんた痴漢でしょ」と言われ晴天の霹靂、「おまえなんか一〇〇万円貰ったって触らないよ、バカヤロー」と言い返します。しばし口論しましたが、電車がホームに入線しますと彼女に同情した一人の乗客が、コートの袖を掴み、私を電車からおろそうとしました。仕方がないのでホームにおりて駅員に事情を話せばわかるだろうとホーム

駅事務所へ行くことにしました。

ホームで待っておりますと、品川交番から警察官が一人来ました。事情を話そうとしたら、「ここでは調べられない、交番に来てくれ」と言われついて行くことにしました。

交番では事情を聞くどころか犯人扱いです。どうしても会社に電話したくて「電話させて」と言いましたら「高輪署へ行けば掛けさせてあげる」で、高輪署へ同行です。その時、警察官から捨て台詞「間違いなら名誉毀損で訴えな！」でした。

逮捕すると言われ、目の前真っ白

高輪署では一四、五人の刑事部屋に通され、奥に机一つの取調室がありました。最初はやさしそうな刑事に「ここに来る人の九九％は自白するよ」と諭されましたが、「やっていないものはやっていない」と強く抗議、すると次に来た刑事は「おめえがやったのだろうが」と威圧的に詰問されました。結局この刑事が調書を書きました。

調書を取られている時、小太りの刑事が覗きにきて、「彼女の言っている事に間違いないからいけるだろう」と囁きました。そりゃあ無いだろうに、俺の言い分も聞いてくれと思っている内に、次の刑事が入ってきて、お前か「バカヤロー」、「クソヤロー」と言いつつ、机の上に手錠と腰縄がおかれました。

これから逮捕すると言われ、目の前真っ白、こんな理不尽なことがあっていいのだろうか、さらに刑事部屋につき出され皆の前で右手を上げたポーズをとられました。何もしていない市民に対して何をするのだと強く抗議するも、婦人警察官までが「だまらっしゃい」と恫喝。

おまけに奥で調べられていた、被害者も「オメエヨーフザケンジャーネーヨ」と罵詈雑言、もう頭に血が上って、腹が立って仕方ありません。

結局留置所に入れられ、屈辱的調べを思い出し涙が止まりませんでした。きっと汚名を晴らし、娑婆にでたら高輪署を爆弾でぶっ飛ばそうと思いました。

次の日には弁護士さんが来てくれました。佐脇さんは留置されて知らないだろうが皆さん応援してくれています。がんばって下さいと励まされるが誰が応援してくれているのかさっぱりわからない。家族、会社、親戚の人達が多数面会に来てくれる。次男は高輪署の周りを暴走行為で励ましてくれる。家族は差し入れや手紙をたくさん届けてくれました。特に息子の手紙は密かに勾留裁判に持って行き、心の安らぎとなりました。

結局、警察は長期勾留させておけば、そのうち自分から認めるという、あめとむち作戦で全く調べなし。彼女は休みをとって旅行中で調べられない、なんということだ、彼女は楽しい旅行、私は留置場、まるで天国と地獄。

最後の検察調べが長く、終わりに検事さんが優しい態度だったので、当然不起訴になると思っていたら起訴にされました。これまで生きてきた五〇年、やましい事をしたわけでなく、善良な市民に対する仕打ち、これには心底腹が立ちました。高度成長を支えてきた私達がこのような理不尽さで起訴され、若い何も知らない我まま娘の餌食になるとは許せない。裁判で目一杯闘ってやらぁと居直るも先への不安が高まる。やがて妻の諭すような視線と釈放された嬉しさにほっと胸を撫で下ろすのだった。

裁判の争点

証拠のない裁判なので、彼女の供述と本人尋問にすべてを賭ける。

① 物理的に痴漢はできない。
（彼女は膝付近からなでられたと供述）
私が膝付近を触ると極めて不自然にかがむ必要があり、かがめた場合誰が見ても痴漢行為をしているように見える
・弁護士事務所で証明
・彼女の身長、股下測定から膝は触れない
・等身大の人形を作った
・同じ身体の人で痴漢実験
・ビデオ撮影
・右手は壁につき、彼女を守っていたので屈めない
・同種事案事件の調査

② 時間的矛盾がある
（最後に触られたのは大井町駅付近で間もなく品川のアナウンスが聞こえた時点）
・「まもなく品川のアナウンス」調査一年間
ほとんどが三〇秒から一分以内でホームに入線している
・大井町付近が痴漢行為の最後であったが大井町、品川間はおよそ三分間である

③ 満員電車の中で股にあった手は掴めるか
（手はつかめない、掴めるとしたら腕である）
・満員電車での証明（ビデオ撮影）
・実際に満員電車状況を作った（平塚～熱海間）

④ 彼女は境界性の人格障害である
（会社でも宇宙人と呼ばれていた）
・肩がちょっとふれるだけでもテメハヨー発言
・今まで何回も痴漢を捕まえている

・前回は証拠がなかった（実際に掴んでいない）
・慰謝料を貰った事もある
・境界性人格障害を述べたが判決では触れなかった
・警察署内で暴言を吐いた
・勤務先での勤務態度を調査

⑤　検察の検証ビデオでも痴漢行為は無理であった。
（再現ビデオは実際に触れていなく、墓穴を掘る）
・痴漢を再現していない

⑥　佐脇は通常バイクで通勤する
（一年間に二万六千キロの走行カルテ証拠採用）
・バイク屋で記録されていた走行カルテ提出
・電車は利用しない。

⑦　痴漢行為時間の一分間の長さ
・一分間は長い（裁判所で一分間沈黙）
・痴漢を逃れる手段があったのに、とっていない

⑧　後ろの人が痴漢犯人と思い込む
・お腹の出た佐脇が後ろに立った場合、直ぐに犯人と思い込む

・佐脇の体重九五キログラム

⑨　取調べ警官について
（暴言を吐いたか）
・バカヤロー、クソヤローと言いました

⑩　検察側ジタバタ
・もう一度再現してもらいたい
・母親を証言させたい
・佐脇こそ人格障害である

すべて裁判長却下

検察官も入れ替わり大物登場してきたが、二〇〇〇年八月一一日無罪、八月二五日控訴断念で完全無罪を獲得したが、考えてみれば僕にとって失った時間・費用は大きかった。

（さわき・たけし／痴漢えん罪被害者）

長崎事件

「すみません」の一言が証拠

長崎　満十今村　核

唯一の物的証拠である「繊維鑑定書」がずさんで証拠価値のないこと、女性が痴漢の手を「見てもつかんでもいない」ことも明らかになった。それでも有罪とは？

私は痴漢の犯人ではありません

私は一九九七年の一〇月一日、朝の通勤電車のなかで女性から痴漢の犯人として決めつけられ、池袋警察署に二一日間も勾留され裁判にかけられました。私は痴漢など絶対にしていません。

事件の当日、私は電車のなかで前に立っていた女性から、突然「やめろ」とかいうようなことを大声で怒鳴られ、鞄を持っていた左腕をつかまれたのです。突然でびっくりしたのですが、一瞬たってから電車の揺れなどでぶつかったことを怒っているのかと思い「すみません」と謝ったのです。しかし、この一言が、私を痴漢の犯人だとする証拠にされてしまったのです。

裁判では、女性が「痴漢の手も腕も見ていない」、「手をつかんでいない」と証言しました。痴漢をされていたといいながら、犯人の顔も見ずに、すぐそばにいた私を犯人と決めつけたのです。私は必ず無罪になると信じていました。しかし、二〇〇〇年三月一三日に東京簡裁で罰金五万円の有罪判決を受けました。裁判官は、私の言い分を何の検討もせず、最初から犯人と決めつけ、私が無実の証拠として申請した証拠を何の理由も示さずに却下したのです。そして、「すみません」の言葉は痴漢行為をとがめられたことに対する謝罪の言葉であり、痴漢の犯人と強く推認できるとして有罪判決を出したのです。これは、真実に目を背け、裁判所の役割を投げ捨てた許されない行為であり、司法という名の権力犯罪とも言えるものです。そして、裁判所がそのことに気付いていないことに、私は今恐ろしささえ感じています。

ずさんな「繊維鑑定書」

唯一の物的証拠として提出された警視庁科学捜査研究所の「繊維鑑定書」はでたらめなものでした。

裁判で重大な争点となった問題として「繊維鑑定書」がありました。事件当日に私の手から採取したとする二〇〇本近くの繊維片のうち、一〇本が女性のパンティーの繊維と類似している。その内一本を二〇〇倍の顕微鏡写真をとって仔細に調べた結果、女性のパンティーの構成繊維と同じポリエステル繊維であり、非常に類似している。というものでした。まるで、私が女性のパンティーに触ったから繊維がついたと言わんばかりのものでした。私と弁護士は本当に驚きました。触ってもいない女性のパンティーの繊維が、どうして私の手につくのでしょうか。

私たちは繊維の専門書、鑑定を行う民間の鑑定機関、そして、同じメーカーのパンティーも入手し、専門家の力も多数借りて必死になって調べました。その結果、私の手から採取された繊維片と、女性のパンティーの繊維はまったく別のものであることを裁判で証明したのです。決め手となったのは、繊維の太さを精密に測定し太さが四五%違うことを突き止めたのです。警視庁科学捜査研究所は、太さを測定もせずに、ただ目で見ただけで類似しているという鑑定書を作っていたことが裁判のなかで明らかになったのです。

私を痴漢の犯人であるとする唯一の物証が否定されたのですから私は当然無罪になると思いました。しかし、どうでしょうか。東京簡裁の藤田親裁判官は、「鑑定の結果は結局不明というものであり、当裁判所も右結果を事実認定の証拠として採用していない」の一言でこの鑑定書を闇に葬ったのです。裁判所は、私を有罪とするために検察が出した鑑定書を採用しておきながら、その証拠がでたらめだったとわかったとたん、その証拠はなかったものとするというのです。こんなおかしなことは絶対に許せません。

再審を求めて最後まで

今年の七月一五日、私は、同様の痴漢事件で無実を訴える男性たちといっしょに一三人で、「痴漢えん罪被害者ネットワーク」を結成しました。当事者が声をあげなければ、警察と検察の人権を無視した不当な捜査のあり方、そして、「疑わしきは罰する」というひどい裁判のあり方を変えることはできないと思ったからです。

私たちは、職を失うなどの経済的にも大きな打撃を受けるだけでなく、有罪が確定すれば収監されてしまうという恐ろしさに震えながら、精神的にもぎりぎりのところまで追い詰められて毎日を生活しています。なかには、家庭までが崩壊し大きな痛手を受けたものもいます。

しかし、私たちは何もしていないのです。してもいない痴漢の犯人という汚名を着せられて生きていくなど耐えられません。私たちと妻や子どもたちにとって絶対に認めることのできない一生の問題です。

私は最高裁に上告して無実を訴えてきましたが、二〇〇二年九月二六日に上告棄却になってしまいました。しかし、やってもいない痴漢の犯人とされてこのまま終わるわけにはいかないのです。自分自身の無実を証明するために、再審を求めて最後までたたかっていきます。そして、日本の司法のあり方を変えるために、最後までたたかっていく決意です。

救援会のホームページ：http://www.iijnet.or.jp/c-pro/nagasaki/

（ながさき・みつる／痴漢えん罪被害者）

弁護人のコメント

長崎事件の争点、矛盾点

女子学生の供述による、電車内における犯人の特定

女子学生は、吊革を持ち車窓を向いて立っていたところ、痴漢の掌が、左太股から股間へと徐々に移動した、そして触られた感触から、掌は左だった、だから犯人はみずからの左側にトの字型に立っていた人だと供述する。さらに、検面調書以降は、左側の人はわざと股間を押し付けてきた、だから左側の人が犯人であるとも供述するに至る。女子学生は犯人を見ておらず、触覚だけにより、犯人がどこの位置にいるかを憶測したに過ぎない。

しかし太股の触覚のみで、それが左掌か右掌かを識別できない、との鑑定結果がある。また左掌であったとしても、女子学生の左太股から股間へと触れるのは、女子学生の前に立っていた男性その他複数が存在する。さらに、混雑率は一八〇％で、左側の人が女子学生の前から手を回していたのであれば、その腕が見えたはずであるのに、女子学生には見えていない。したがって長崎氏は犯人ではない。

また、乗客に押されたり電車の揺れなどにより、身体が接触することは当然あったと思われ、これをわざと股間を押し付けてきたと、被害感情をもって受け止めたに過ぎない。

さらに、女子学生は桜台駅から椎名町駅に至るまでおよそ一〇分間の痴漢にあったと述べながら（その間、三分間の停車がある）、最後に痴漢の手を払い除けるまで、特に回避行為をしていない。混雑率が一八〇％であり回避は容易であったこと、女子学生が啖呵を切りネクタイを掴むなどしていることから、恥ずかしくて回避行為ができなかったとも考え難いことから、その供述は不自然である（おそらく、痴漢行為はずっと短いものであった）。

繊維鑑定

逮捕当日、警察は長崎氏の両の掌にセロハンテープ状のものを貼って付着物を採取し、検出された繊維片と女子学生の下着から採取した繊維とが類似しているとの鑑定を得、翌日起訴に至った。しかし一審段階で、弁護側の鑑定により、顕微鏡検査の結果太さが約一・五倍違い、両者は異なった繊維であるとの結論となった。

事件後の言動

長崎氏は、女子学生にいきなり手をつかまれて、すごい剣幕で怒鳴られ、一瞬の間を置き「すみません。」と思わず述べた。長崎氏は一瞬、何だろう、と思ったが、電車の揺れなどでぶつかったことか何かを怒っているのかと訝り（混雑した電車内では、体がぶつかったなど、ちょっとしたことで異常に怒る人もいるので）、すいません、と述べたに過ぎない。しかし、判決はこれを、「痴漢行為に対する謝罪」と認定する。降車してからも、長崎氏はこわばった顔をした女子学生に対して「すみません」と述べているが、これは、一体何をそんなすごい剣幕で怒っているのか、長崎氏を掴まえておきながら無視して顔すら見ようとしない女子学生に呼びかけるために述べたものである。判決はこれをも「痴漢行為に対する謝罪」であるとする。

さらに、長崎氏は柱の前で立ち止まり、「私は何もしていませんよね。」と女子学生に述べたのだが、女子学生は、長崎氏が「お金でいけませんか。」などと胸ポケットから財布を取り出そうとするしぐさをしながら述べた、と供述する。しかし実際には、長崎氏の胸ポケットには財布はなかった。そして現場の騒音は、およそ七五デシベルから八〇デシベルの強さであり、六〇デシベル前後と言われる普通の会話を妨害し、掻き消してしまったのである。しかし判決は、騒音測定結果を証拠調べせずに、長崎氏がそのような発言をしたと認定した。

（いまむら・かく／弁護士）

加藤事件

誤認逮捕が明確でも有罪！

加藤秀樹

被害者という人物が、いきなり泣き叫び、逮捕。
身長差によって犯行は不可能。それでも有罪。
誤認逮捕の隠ぺい工作も明るみに。

何が何だかわからないまま逮捕

二〇〇〇（平成一二）年一一月二一日、忘れもしない火曜日の朝、私は、公共料金の引き落としと家賃の送金のために、やっとの思いで昼間だけの休みをもらい、営団地下鉄東西線で門前仲町を出発してほんの数十秒か一分間ぐらいの車内でいきなり、女性の泣き叫ぶ声が聞こえ、何が何だかまったくわからないまま逮捕されてしまいました。

私はこの時、自称被害者という人物に対する記憶は、「黒か紺色のコートを着た社会人、ＯＬの人だと思う」、「顔の表情は、全くわからない。めいっぱい泣き叫んでいたので、普段のすました顔なんて、まったくわからない」という程度のものです。後から開示された資料や、実況見分写真を見て、紺色の制服を着ている中学一年生一三歳だと判明しました。

しかし、私は全く見覚えがありません。門前仲町で私は、電車の左右のドアの中央付近に押し込められ、ギュウギュウの超満員で進行方向を向いて、直立不動で立ち、その時、目の前にいきなり白い上着、トレーナーのような物を着た、身長一八〇センチ位の、がっちりとした男性の若者と腹合わせになり、顔と顔がくっつきそうになり、さけるために進行方向右側を向くと、私の右腕にベージュのコートのおばさんがぴったりとくっつき、「門前仲町で降りたいのに、くるしいーっ、ぐーっ」と叫んでいて、私は「おばさん、大丈夫ですか？」と声をかけている時に、左側の被害者という人物が、いきなり泣き叫び、今回の事件になったのです。

被害内容は、被害者によると「東陽町駅から乗車してすぐ、後方からスカートをまくりあげられ、右側のお尻、下の下着のライン、足のももの付け根付近まで触られた。門前仲町からは、前側から、ももの付近からスカートをまくられ、犯人の右拳を逆手にして、中指第二関節がとんがった状態で陰部を強く押された」という。

ところが、私は、身長が一八四センチもあり、右拳はとどきません。まして、ももの付近なんて、全く届かない。犯行不可能なんです。しかも、門前仲町では、目の前の男性に、いきなり睨まれ、私は、おびえている状態。絶対、無理なのに、一審は有罪の実刑判決（懲役一年六カ月）を出しました。

誤認逮捕のもみ消し工作

なぜか？　理由はただ一つ、誤認逮捕もみ消し工作です。そのため、地裁は「無実とわかっているがとりあえず有罪。不服がある時は、東京高裁に行ってください」というワンパターンを繰り返しています。私は、警察の留置場、そして東京拘置所の独房に、八カ月半もの間、勾留されました。

保釈後、二〇〇一（平成一三）年一〇月の主尋問、反対尋問、最終意見陳述で、私は本当の事件の真相を法廷で告発しました。それは、今村昌英警部補と川本日子検事による公文書偽造、職権濫用、犯人隠匿という東京地検はじまって以来の大スキャンダルです。このようなひどい事件を多くの国民のみなさんに知っていただきたいと思います。

私は、今、実名を出してこの問題を告発するために努力しています。どうかみなさん、私の闘いを応援してください。

あくまでも状況証拠ですが、私と向かい合っていた第一発見者の大学生の電車の中のアリバイ証言が崩れました。次に、大学生と被害者の家は二〇〇メートル程で、歩いて一～二分のところに住んでいて、同じバス通り、東西線から乗り換えて丸の内線、被害者の降りるB駅まで、大学生は毎日被害者に対して「ストーカー行為」をしていた疑いが浮上しました。

だから警察は事件当日、誤認逮捕で大騒ぎになり、最後は川本日子検事が正式に謝罪してくれました。なのにとりあえず有罪。絶対に許さない！

弁護のポイント

弁護ポイントは、大きく分けて四つ。
①被害者本人の実況見分。
特に、身長と足の長さの正確で、厳正な測定をすること。測

定場所は、女性職員立会いのもとでの裁判所内。事件発生から約二年間、その間に、事件当時、中学一年生（一三歳）になったばかりの被害者は、事件当時の靴を履いた状態で、身長一六二・五センチ。両足を二四センチ開いた状態の足の長さ七八センチという。

ところが、おかしな点がいくつかある。

一つ目は、警察の実況見分の写真を見ると、被害者のスタイルは、短足胴長の典型的な日本人そのもの。体の半分が足とは、どう見ても考えられない。モデル体型とはまったく違うのである。

二つ目、足の長さ測定の時、被害者は制服のスカート着用のまま、指先で足の長さを示している。しかし、その部位は、どう見ても「へそ」に近く、正確な測定とは言えない。デタラメである。

三つ目は、測定に立ち合った女性刑事、小﨑淳子警部補が持つ巻尺（メジャー）の目盛り（数値）が全く読めず判らない。それで、足の長さ七八センチとは信じられない。デタラメ放題である。

被害者は、「体の前面から、腿のあたりを、スカートをまくりあげられ、犯人の右腕で、指や拳の中指第二関節がとんがった状態で、足の付け根、陰部を強く押された」という被害内容だ。

それに対して被告人は、身長一八四センチ、体重九四キログラム。その大きな体型で、左肩には、荷物がぎっしりつまったボストンバッグをかけている。その左側の被害者のスカートの前面に右腕を伸ばすことはできない。

被告人の腕、右拳は、床から八〇センチ、それを左側に伸ばすと、床から一メートル以上になる。被害内容に対して、全く手が届かない。

だから、「えん罪、人違い、誤認逮捕」だと証明するためにも、被害者本人の立ち合いで、正確な測定をするべきである。

足の長さのはっきりわかる、ブルマーやズボン着用で。正しい裁判なら、科学捜査、実況見分は当然やるはず。それなのに、主任裁判官は絶対にやらない、被害者も呼ばない、と、ものすごく残酷な抵抗をしている。

②ギュウギュウづめの満員電車混雑状況。

その中での視認状況の確認のための実況見分。これは、絶対に必要なはずだ。特に、被害者は、「私を犯人と思った、思った、思った」と、警察、検事の供述調書に書いてある。ただの思い込み、である。

しかし、公判廷で、「スカートの中に、犯人の右腕が入っているのを見た」と、全くデタラメ放題の、思い込みの証言をしている。ギュウギュウの満員状況では、首や、胸から下は、まったく見えないはず。だから、実況見分が絶対必要なのに、主任裁判官は「絶対やらない」と、ものすごく残酷な抵抗をしている。

③小﨑淳子警部補の証人出廷。

小﨑刑事は、被害者の話を聞き、供述を書いて「人違い」に気付いて、今村昌英警部補が被告人に手錠とロープをはめてしまった直後の取調べに飛び込んできて、「ちがう！ちがう！」と叫びながら、両腕を伸ばして、今村警部補を押しやりながら、真剣に、必死に、体を張って、被告人のことを守り続けた命の恩人です。

被害者実況見分、そして、中央署内が「人違い、誤認逮捕」で大騒ぎになった状況、供述時の被害者の様子、特に、錯乱している状況、そして、「今村昌英警部補が人違い、誤認逮捕」という最悪の捜査状況を、東京地検・新人・川本日子検事に、まったく伝えていない。今村警部補は、公文書偽造、職権乱用、大学生の犯人隠匿までやってしまった事の証明、解明」のために、小﨑刑事の証人出廷は絶対必要。なのに、主任裁判官は保留だと抵抗している。

④川本日子検事の証人出廷。

中央署、今村昌英警部補に、だまされ、捜査の足を引っ張られて、カンちがいをした川本日子検事は、やる気がからまわりをして、開口一番「あーた、あーた、あーた疑ってるからね、うー自白しろ！自白しろ！自白しろ！」と、吠えまくったが、その後も犯人扱い。被告人が「絶対やっていない！　調べろ！調べろ！　とにかく逮捕者を調べろ！　逮捕者と被害者の接点を調べろ！　何か出るはずだ！」と、言い続けても、一切聞こうとはしない。人間の偏見、思い込みはまったく恐ろしい。その最低、最悪の川本日子検事も、最後はやっと気付いて、「行きすぎた捜査があった事をお詫びします」と頭をべったりつけて、「あなたの言うとおりの供述を書きますから」と猫なで声で許しを乞うのみで、そして、「被害者、逮捕者は、わざと間違えた訳じゃないから、名誉毀損では訴えないわよね？」と、合計二〇回以上ぐらい、「誤認逮捕と違法捜査を繰り返した事」を正式に謝罪しました。捜査ミス、大スキャンダルを隠し、もみ消すための無理矢理立件。無罪放免釈放が当然のはず。なのに、めです。川本検事の証人出廷も絶対、必要です。なのに、主任裁判官は保留だと抵抗している。

（かとう・ひでき／痴漢えん罪被害者）

大村事件

無実を訴え保釈金八五〇万

大村賢一*＋上野奈央子

目撃者もいない、状況や客観的な部分は矛盾が多いのに、裁判官は「純朴そうな女子高生が嘘を付くはずがない」と断言。最高裁で正義の判断を！

*仮名

いきなり「痴漢です」と言われて……

二〇〇〇（平成一二）年五月三〇日の朝、ラッシュの電車内で私は、S駅に着く直前、私の右前に立っていた女性がいきなり、私の右手首を掴み上げて、「痴漢です」と言われたのです。

終始一貫して無実を訴えましたが、約五カ月の間身体を拘束され、東京地裁・高裁ともに懲役一年六カ月の実刑判決が下されました。

取調べは、現場立会いの捜査もなく、刑事から「相手が嘘を言っているとでも思っているのか」と怒鳴られ、一方的に犯人扱いされ、検事には、「自白しなかったら実刑にするぞ。認めたら考えないこともない」といわれ、脅すことで罪を認めさせようとされました。

I（女子高校生）の調書は、いい加減で矛盾だらけのものでした。事実、起訴後に捜査の刑事から「まさか起訴するとは思わなかった」とまで言われました。さらに、Iは私から四度も痴漢行為をされたと調書に書かれてありました。

このことについてですが、連行された警察署の取調室にいる時に、Iが「これは遅刻になるんですか」とヒステリックな大声で警察官に尋ねていたのを記憶しています。

痴漢に遭ったといって、人を警察に突き出しておきながら、自分の遅刻をこうも気にするのは変で、本当に痴漢の被害に遭い恥ずかしく悔しいと思っているのか、不思議でなりませんでしたが、この時点で、Ｉのおかしさに気が付かなくてはいけなかったと思います。

後にわかったことですが、Ｉの高校入学後から事件当日までの約二カ月間の遅刻回数と、過去に痴漢被害を受けた回数が一致するのです。更に遅刻のことを私の知人の教師に「入学間もない高校一年生が、約二カ月の間に遅刻を四回しているとしたら、どのような生徒なのか」と質問すると、「一般的に考えても約二カ月の間に遅刻を四回なんて多すぎる。普通の高校一年生ではありえない。極端にやる気がないか、問題のある生徒じゃないか」と回答されました。

出来レースの裁判

しかし、判決の時に裁判官は、「純朴そうな女子高生が嘘を付くはずがない」と断言しました。本当にＩの人物像を理解した上での断言なのか疑問に感じ納得できません。

裁判官は、他にもＫ線を利用している人は簡単に理解できる事実で、数回同時刻の電車に乗車し調べればわかるＩの嘘を明白にせず、「都内のラッシュ電車内の状況くらい、おおよそ検討がつく。この件は勝負ついているんだ。執行猶予付きにしてやるから保釈金の五〇〇万円で相手に示談して来い」といって証拠提出したものをほとんど却下し、私の証言も聞こうとしませんでした。

「認めて示談すれば猶予をつけてやる」とは「法廷で嘘をつけば、悪いようにはしない」ということになります。こんなことをいう裁判官は、人を裁く資格はないと思います。

しかし、このような裁判官のもとで、最初から出来レースの裁判が実際に存在するのです。

「一見純朴そうな女子高生が嘘を付くはずがなく証言は真摯であり、私の証言は不合理且つ不自然である」等という理由で何もしていない私は犯罪者とされました。

客観的な部分は矛盾だらけ

この事件はＩが言っていることだけで、目撃者もいません。状況や具体的な部分は過去の被害と同様で、客観的な部分は矛盾が多く解かりづらいものです。単なる遅刻の言いわけとして「痴漢に遭った」と被害を申告し、私を捕まえたのではないかと疑いを抱いています。

私は右手に障害があり、医師の診断書を証拠申請し本件犯行は不可能と主張すると、証拠申請は却下し、一審では全く認定されていない、調書に不存在の被害体勢を作り私が可能な体勢で行ったとし、右手の障害も日常生活に支障がないことから、本件行為が不可能ではないとしているのです。

ビデオで妻を被害者と仮定してIの証言や裁判官が考えている姿勢で、本件行為が不可能と立証したにも関わらず有り得もしない偽りを作り「たら」「れば」の想像で裁判を片付けようとしているのです。

仮に私が変な姿勢を取っていたとして、相手の女性が「痴漢です」と言った時、一人でも周囲の人が私を取り押さえる状況があったはずです。そのようなことがなかったこと自体が私の無実である証拠の一つではないでしょうか。また、Iの嘘を明らかにできる手掛りになると確信していた産婦人科の医者の意見書も裁判官は却下しました。

今回の事件で何もしていない自分がなぜ、手錠をかけられ、身体を拘束されたのか、考えれば考えるほどこみ上げて来るものは憤りだけでした。

正義の判断を

しかし、妻や家族が私を励まし、会社の人が助けてくれました。五カ月ぶりに目にした子どもたちは私の後を追い回しては「すぐに帰ってくる?」と不安そうな顔をしていました。私は一時でも忘れようと仕事に没頭しても、一息つくと事件のことが蘇り頭の中を駆け巡ります。

二年以上経った今でも子どもたちが「お父さんが帰ってこない」と夜泣きする姿をみると胸が締め付けられ、子どもや妻の何気ない楽しそうな姿を見ても、「もし刑務所に行くことになったら、家族に辛い思いをさせてしまう」と思うと一緒に楽しむことなどできません。

現在は最高裁判所に上告趣意書を提出し、今後は補充書を提出していきますが、どうか最高裁判所の判事の方々に正義の判断を切に願うばかりです。

（おおむら・けんいち／痴漢えん罪被害者）

弁護人のコメント

大村事件の争点

1　事件の概要

本件は現在最高裁判所に上告中であるが、第一審である東京地裁及び原審である東京高裁が大村賢一さんがした犯罪事実であると述べている内容は、下記のとおりである。

「被告人は、平成一一年五月三〇日午前七時四九分頃から同日午前七時五五分ころまでの間、私鉄K線H駅から同線S駅にいたる間を走行中の電車内において、乗客のI（当時一五歳）に対し、スカートの上から陰部等をなで、さらに右手をパンティーの中に入れて陰部を弄ぶなどし、もって、強いてわいせつな行為をしたものである」。

参考に、本件で問題となる私鉄K線急行の停車駅の順番を記載する。

（至Y）→K駅→H駅→A駅→S駅

2　事件の経過

大村さんは、事件当時三一歳の会社員、被害者と称するIは事件当時一五歳の高校一年生であった。大村さんは通勤途上で、K駅の二つ手前の駅から各駅停車の電車に乗ってK駅に来、K駅から急行に乗り換え、S駅で降車し乗り変えるところであった。Iは通学途上で、K駅から、急行に乗って、S駅で降車し乗り換える予定であったとのことである。

大村さんは、事件当日から五カ月身体を拘束され、Iの証人尋問終了後、ようやく五〇〇万円もの保釈金と引換に釈放された。保釈金は、第一審での有罪判決後に七五〇万円、控訴審での有罪判決後は八五〇万円と、大村賢一さんの生活状況からすれば、常識的に考えて用意できる金額ではなく、他の事件で例がないほど高額である。

3　本件の争点

この事件では、大村さんは、次のような理由で無罪を主張している。

①Iは、「犯人と体の右半分が重なるような態勢で向き合っていて、正面から陰部に犯人の右手指を挿入された」と主張している。

しかし、大村さんは、かつて事故で骨折した後遺症で、右手の掌が真上に向かない、そして右手が人より反らない、という障害があり（筋電図という機械によりこれが詐病でないことは証明されている）、Iの証言するような手の動きをすることができないし、無理にやろうとすると、上半身を大きく反らすなどしなければならず、誰の目から見ても不自然な体勢になってしまう。そのような体勢になったという証言はない。

②Iは、「性交経験はない」と述べている一方で、陰部に指を入れられた際の感触について「特に痛いとは思わなかった」「気持ち悪い、とは思いましたけど」と述べている。

しかし、性交経験のない女性の陰部に同意なく指を入れるのは、それ自体たいへん困難であることは、多数の女性を診断してきた産婦人科医の意見から明らかである。無理矢理指を挿入すればかなりの痛みを伴うはずであり、Ｉのいうことは信用できない。

しかし、裁判所は、①については、「電車が揺れたり周囲の乗客に押されたりするから、完全にＩのいうとおりの体勢であったとは限らないので、被告人（大村さん）に、本件犯行ができなかったとはいえない。」として退け、②についても、産婦人科医師の意見書は証拠として採用する必要はない、と退けた上で、「その種の痛みには個人差がある」の一言で退け、大村さんを有罪にした。

また、③Ｉは、「高校入学後本件までの二カ月弱の間、本件以前に四回、被告人から同じような痴漢の被害に遭った」と主張しているが、Ｉは、当初警察官には「普段は自転車通学をしており、たまに電車を使う程度」と述べていることなどからも、Ｉの証言は信用できない。

という指摘もしているが、この点について判決は何も意見を述べていない。

4　意見

他の事件でもそうだが、「初めに有罪という結論あり」という裁判であり、被告人にされている大村さんの意見は、真面目に検討する気はない、というのが、裁判時の態度からも判決からも読み取れるという裁判である。これで実刑を下されるのだから、たまったものではない。

本日（平成一四年一一月一五日）、上告棄却の報を受けた。長崎さんの上告棄却以来覚悟はしていたが、やはり非常に無念である。一体どうやって、大村さんがＩのような行為ができたというのか。判決を下した裁判官に、大村さんと同じ条件になるように手首を緊縛したうえで、再現してもらいたいものだ。大村さんの有罪が確定した、ということは、最高裁判所が、証拠ではなく推測で犯罪事実を認めてよい、という判断をしたということだ。これは刑事訴訟法の死亡広告である。

駅でよく見かける「痴漢は勇気を出して捕まえましょう。」というポスター。そのポスターの行間にこんな言葉がちらつく。《人違いや、でっちあげであっても一向にかまいません。刑事司法が必ず有罪にしてあげます。あなたが非難される心配は無用です――》

大村さんの上告棄却で、この行間の言葉が一層鮮明になったようだ。

（うえの・なおこ／弁護士）

外房線事件

こうして私は痴漢にされた

橘* 隆行

駅員室にいた私を有無を言わさず鉄道警察へ連行。
そして、女性から、逮捕者兼被害者として事情を聞き、
私を犯人として、取調べ始めた。

*仮名

事件の発端

私は都内の公立学校に勤める教員です。二〇〇〇（平成一二）年一二月四日（月）、私は通勤のためにJR外房線K駅から快速電車に乗車しました。

電車が千葉駅に着き、右側のドアが開いたので、降車客の流れに乗って、一度、電車を降り、再び乗り込もうと立ち止まったとき、後ろから私の右袖を女子高校生が掴んできました。そして怒った表情で「さっきお尻触ったでしょう……警察へ」と言ってきたのです。私が否定すると、その女子高校生は「間違ってたら誤るから、駅員さんのところで話しましょう」と言ってきました。私は「ホームで言い争うよりはましだ」と思い同行しました。

私人（女）による現行犯逮捕

ところが、駅員室では話し合いは行われませんでした。駅員の内規で、このような場合は相手にせず、警察へ通報することになっているのです。そして、通報を受けた警察は、駅員室にいた私の両脇を抱え、有無を言わさず鉄道警察へと連行しました。そして、女性から、逮捕者兼被害者として事情を聞き、私

を犯人として、取調べ始めたのです。そうです、駅員室に行った時点で既に男性は犯人扱いなのです。

おかしなことに、女性がお尻を触られたのは蘇我駅を出てすぐのことだそうですが、私に声を掛けてきたのは、千葉駅で電車を降りたホーム上でした。それでも「現行犯逮捕」なのです。

別の事件で国家賠償請求の裁判を起こしたOさんは、駅を出て道を歩いていたところで、電車内の痴漢容疑で「現行犯逮捕」されました。電車を使う男性のみなさん、気をつけてください。女性が「被害」に遭ったといえば、どこにいようと、何分後だろうと、電車内の痴漢容疑で「現行犯逮捕」されるのです。

深夜の罵声

逮捕当日、千葉中央警察署に送られた私は、独房に入れられました。夜九時になり、就寝になりましたが、寝られるはずもありません。

何時間経ったでしょうか。真夜中になって数人の私服を着た男（刑事？）留置場に入ってきて、私の房の前まで来て「この痴漢やろう」「必ず証拠を挙げてやるからな」などと、口々に罵声を浴びせて来ました。びっくりした私が跳び起きると、きびすを返して出て行きました。深夜だろうと留置場内だろうと、お構いなし。警察はやりたい放題。

逮捕されたら人権なんてありません。

裁判官は検事の部下？

逮捕翌日、私は裁判所に行きました。そこで、勾留尋問が行われ、裁判官から「証拠があるので一〇日間の勾留を認めます」と言われ、勾留決定の判が押されたのには驚きました。私が「証拠って何ですか」と尋ねたところ、裁判官は書類をめくった後、「言い直します。証拠はありませんが、罪を犯したと疑うに足りる相当な理由があると思われるので、一〇日間の勾留を認めます」と言いました。どこに罪を犯したと疑うに足りる理由があるというのでしょう？　目撃者も証拠もない上、本人（女子高校生）でさえ、犯行現場を見ていないにもかかわらず、私の勾留は決定されました。約六カ月間にわたる勾留の始まりでした。

検察から勾留請求書が出された場合、裁判官は二、三分で名前や住所や罪名などを確認した後、否認事件でも中身を検討することなく、決まり文句を述べて、機械的に勾留決定の判を押します。まるで検事の下で流れ作業を行う事務官です。

大掛かりな目撃者探し

「教員を痴漢で逮捕」は翌日の新聞に大きく報道されました。捕まえたけれど、取調べを行う材料がない。証拠もないし目撃者もいない。被害者本人すら見ていない。だから「やった」「やらない」の押し問答しかできない。そこで、警察は三日後、県警本部まで動員して、大掛かりな目撃者探しを行いました。しかし、見つかったのはホーム上で言い争っている二人を見たという女性一人だけでした。

直接証拠がなくても有罪に

捜査をしても何の証拠も出ないまま一〇日間が過ぎ、再度、勾留延長をした検察・警察は、方向転換をします。指紋や体液、目撃者などの直接証拠が出る見込みがなくなったところで、検察・警察は、私の所有物の中から、事件につながりそうなものを探し出し、私を有罪にと考えたのです。

レンタルビデオの貸し出し記録が調べられ、定期券の磁気に記録されている改札の通貨時刻まで調べられましたが、警察が期待したものは出ませんでした。そこで、自宅や職場のガサ入れが行われました。

そして、私が昔買った雑誌やビデオが発見されたのです。もちろん、違法な裏モノなどありませんが、検察・警察の目論見どおり、証拠として採用され、有罪の決め手となりました。

裁判官いわく「女子高生とのわいせつな行為を題材にしたビデオを所持していたということは、女子高生に対して性的な興味を持っているということである。また、雑誌には一部に痴漢を題材にしたものがあることから、痴漢行為に対する強い関心の傾向を認定できる」ということで、私は犯人と断定され、懲役一年の実刑判決が言い渡されました。

みなさん、こんな目に遭ってみないと分からないことが山ほどありました。警察・検察が犯人を作ってナンボだということ。市民感覚から懸け離れ、検察の方を向いて仕事をする裁判官。「一人なら無理でも二人なら耐えて行けるから」と応援してくれる妻のありがたさ。

裁判上の争点

女子高生は二〇〇〇（平成一二）年一一月三〇日（木）、一二月一日（金）、一二月四日（月）と三日連続で同じ電車の同じ場所に乗り込み、痴漢の被害に遭ったと言っています。なぜ、電車やドアを変えるなどの回避行動をとらなかったのでしょうか。

女子高校生は通学経路の説明において、「蘇我駅で、その（痴漢被害に遭った）快速電車に乗らないと遅刻する」と供述していますが、本当は二台後の電車でも余裕を持って一五分前には学校に着くことが判明しました。女子高校生の嘘が明白になりました。

女子高校生は痴漢の手を見たわけでも、捕まえたわけでもありません。私を痴漢の犯人とした理由は、振り返って「やめてください」と言ったとき、赤いコートを着た私が後ろにいるのを見たからということでした。しかし、警察の大掛かりな目撃者探しにも拘らず、痴漢行為はおろか、その騒ぎを目撃した者も誰もいませんでした。

逮捕当日、私は写真を撮られました。ところが四日後、コンタクトはメガネに、ズボンはグレーからクリーム色に、白いYシャツは、黒いジャージに着替えさせられた上で、赤のハーフコートを着て再撮影が行われました。裁判では、女子高校生は、私の再撮影の写真を見て、「間違えありません」と答えました。つまり、別人を指して犯人と証言したのです。

千葉駅の鉄道警察隊において、「指紋や体液を調べるから、やってないなら、これに両手をつけ」と言われ、私は出された紙に両手をつきました。当然、指紋や体液鑑定がなされたはずですが、今に至るまで、その結果は、何も提示されていません。

女子高校生は被害に遭った三回とも、赤いジャンパーのオトコが真後ろにいて、千葉駅に着くと、電車内で女子高校生の脇をすり抜け、先に降りたと証言しています。

朝の通勤電車で、大勢が降りる千葉駅で、そんなことは不可能です。それについて、女子高校生は三日間とも、「降車の流れに逆らい、降りようとしない人がいたり、左右から先を争って降車しようとする人にぶつかったため、自分は降りられなかった」と説明しました。しかし、一五回にもわたる千葉駅でのビデオ撮影でも、そのようなことは起こりませんでした。

東京高裁は、つぎの理由で控訴を棄却しました。登校時間について「駅から一二分」と彼女がいうのは、電車を降りてからか、改札を出てからなのかわからないから、ウソをついているとは言えない。目撃者や指紋などの証拠がないからといって無罪だとはいえない。降車の際に追い抜くことは不可能だとはいえない、など。女子高校生の弁護士（？）と思われるような判定です。

（たちばな・たかゆき／痴漢えん罪被害者）

東武東上線事件

健康や職まで失いました

取調べでは、「お前が犯人だ」、「やったって言え」などと、夕食も睡眠時間も奪われるほど長時間に及ぶ脅迫が行われた。そんな日々が何日も続いたが、無実の私は真実を貫いた。

松岡尚次*

痴漢被害に遭っている女性を助けようとして

結婚後、欲しがっていた子どもを妻のお腹に宿して、とても幸せで産まれてくる日を楽しみにしていました。しかし、司法の闇は音も立てずに目の前まで迫っていたのです。

二〇〇一年七月一一日朝、私は会社へ向かう電車内で痴漢の被害に遭っている女性に気付き、犯人との間に体を割り込ませ助けてあげようとした際に、ガクンと電車が揺れて左側に倒れそうになりました。

その時、私の右斜め前にいたという男性に腕を掴まれ、支えてくれたのだと思った私は「ありがとうございます」とお礼をいった。体勢を戻し「もう大丈夫です」といった時、電車は終点駅に到着しました。

私を気遣ってくれているのか、その男性はホームに降りようとする私の右腕を支えてくれていました。「本当にもう大丈夫ですから」と言いながら右腕をちょっと引くと、その男性はさっきよりも強く腕を掴みそのままホームにいた駅員のところまで私を連れて行き「痴漢です」と、いきなり痴漢よばわりです。勘違いされていると思った私は後ろを振り返り車内で私の左側で痴漢行為をしていたと思われる二人組みの男性を探した。

しかし、車内にはほとんど人は残っておらず、うる覚えの二

*仮名

人組を見付けることはできませんでした。ホームには被害者の女性が涙を流していました。私はその女性に近づき、「私じゃないですよ。私はあなたに痴漢していた人達から守ろうとしていたんですよ」と、身の潔白を訴えた。

被害者が何も答えないので、私は駅員や私を痴漢よばわりした人に「私じゃないんですよ。私の左側にいた二人組みの痴漢から守ろうとしていたんですよ。」と言った。駅員は「とりあえず駅長室で話しを聞きます」と言ったので、よかった、ちゃんと話しを聞いてくれれば分かってもらえると思い、自ら駅長室に向った。

潔白を晴らすために警察署へ

しかし、その駅長室に向った行動が間違いだったのだ。結局、話しをする時間もなく警察が来て「ここでは何だから警察所の方で話しを聞きますから」と言われ、警察を信じていた私は身の潔白を晴らすために警察署へ向った。

そこには、私の話しを信じる者など一人もいなかった。始めから犯人として連れてきていたのだ。入れ替わり立ち代り取調室に入ってくる警察の人が「変態ヤローはお前か」、「おーおーやりそうな面してらー」、「左手の匂い嗅がせろ、やっぱりな、アソコの匂いが染み付いてるぜ」などと罵声を浴びせた。

名誉毀損だ！　盗聴して訴えてやりたい。悔しくてその場を立ち上がり帰ろうとした。

「おい、まさか帰るつもりじゃないだろうな、お前はもう逮捕されているんだから帰れないぞ」と笑いながら言われたのでふざけているのだと思っていたが、本当にそのまま留置所に入れられてしまった。

その後の取調べでも「お前が犯人だ」、「やったって言え」、「妊娠中の奥さんと早く会いたいだろ。認めれば会えるぞ」などと夕食も睡眠時間も奪われるほど長時間に及ぶ脅迫が行われた。そんな日々が何日も続いたが無実の私は真実を貫いた。

妻は身体に異常をきたした

そんな中、妊娠三ヵ月の妻は、真夏の暑い日でも毎日のように接見にきてくれた。精神的にも体力的にもたいへんな時期で、私が側にいて妻の支えにならなければいけない時なのに、何もしてやれない自分が悔しくてたまらない。接見に来た妻は、ガラスの向こう側、手を握ることさえできないのだ。

留置所の小さな窓から妻が汗を拭いながら帰る後ろ姿が見える。「ありがとう」と心の中でつぶやくと同時に、涙が溢れてくる。部屋には他に五人ほどいるのに、恥ずかしいくらいに泣いた。

毎日、妻のことだけを心配していた。誰もいない家に帰って、一人でいて大丈夫だろうか、流産しないだろうか。お互い手紙を毎日書いて励ましあった。拘置所に移送されて逮捕後四カ月目にようやく保釈された。

外で待っていた妻に駆け寄り、おもいきり抱きしめた。流産の危機を乗り越えたが、今回の件で身体に異常をきたし、帝王切開での出産を余儀なくされた。出産後も後遺症が残り元の元気な身体には戻らず、現在もクスリ漬けで家事や子育てに支障をきたしている。

出廷しない男性証人

裁判には「私を掴まえた」という男性証人は、検察や弁護士による再三の出廷要請にも応じず、来ることはなかった。犯人でない私の痴漢行為は存在しないのだから、出廷できないのだろう。

自分の勘違いを法廷でさらけ出したくないのだろう。もう一人、電車内で私の真後ろに密着して立っていた男性が、検察側証人として出廷した。その男性は検察側証人なのに「私の前にいた被告人に怪しい動きはなかった」、「左手はときどき鉄棒に掴まっていた」などと私が痴漢の犯人ではない決定的な証言をしてくれました。

検察側も裁判官も驚いていていました。もちろん私や弁護士も驚き、傍聴席もざわめきました。裁判官がその証人に同じことを聞き直した。「もう一度聞きます。あなたの前にいた被告人の左手はときどき鉄棒を掴んでいて、怪しい動きもなかったのですね」。証人は「はい。その通りです」と完全に私の無実を晴らす証言をしてくれたのだ。

ふざけた内容

しかし、判決では、実刑一年四カ月だった。理由は「被告人の後ろに立っていた証人が、被告人をずっと見ていたわけではないのだから、怪しい動きに気付かない時もある」、「被害者は犯人の手が離れることなく痴漢行為が続けられたと供述しているが、被害者は動揺していたため痴漢行為がされない時があっても、触られ続けたと思っても不思議はない」、「被害者や証人の被告人を犯人とする供述には信用性があり、被告人の供述は変貌しており信用性がない」というふざけた内容だった。

完全に無罪だと思っていた私は血の気が引き、耳が遠くなり呆然と立ち尽くした。

我にかえり、妻の方を見ると涙を流していた。すぐに控訴手続きをとった。現在、控訴審で闘っています。無実なのに私や家族は大事な時間やお金、健康や職まで失いました。身の潔白を訴えているだけなのに、なぜ、こんな目にあわなければならないのでしょうか。

無実の私は、勾留中、真夏四〇度を越し蚊やゴキブリの大群、週二回のお風呂という不衛生な環境を強いられていたのです。一度逮捕してしまった者が無実だとしても、司法は有罪としてしまうのです。私は痴漢などしていません。最後まで真実、身の潔白を訴えます。応援してくれる妻や家族友人などもいます。なにより自分に嘘は付けません。

争点、矛盾点

途中駅での被告人の位置が被害者と証人供述で違いがある。被害者は犯人から逃げようと降車口に向ったが、後ろからスカートを捲り上げられて内側から両手で引っ張られて逃げられないようにされたと供述している。

被告人の後ろ側に位置することになった証人は、被害者がそのような目に会っている時、被告人は人をかき分けるように、降車口とは反対側の扉付近にいる私のほうへ来たと供述している。

被告人が犯人ではないことが明らかである。

①被告人が犯人ならば、一九分間にも及ぶ痴漢行為に密着して立っていた証人が、気が付かないはずはない。被害者は被告人より、はるかに小さく、被告人が痴漢行為をするとしたら、背中を丸め膝を曲げないとお尻や胸などに触ることはできない。

そんな格好をしていれば後ろの証人が気が付くはずである。何も気付かず、ましてや被告人は、時々鉄棒を掴んでいたし、怪しい動きもなかったと供述しているのだ。

②被害者は被告人の腕を掴み、後ろを振り向き数秒間睨み続けたと供述しているが、恐怖のあまり、一九分間にも及ぶ痴漢行為に、何も抵抗せず、スカートも下ろそうとしていないのは、あまりにも不自然である。

③被害者と同じ身長の女性にいろいろ再現してもらい確認できたことがある。

ⓐ真後ろに密着するように立っていたという被告人の顔を振り返って現認することはできない。

ⓑ服の中の左胸を触っている左腕を右手で掴んで、その手を追うように覗き込んだら肘上辺りに赤い肘裾が見えたと供述しているが、それも服、大きな肩掛けバッグ、左腕に隠れて絶対に現認することはできない。

④被害者の他に、被告人を犯人だとする証人が一人いるが、両者とも被告人が痴漢行為をしているところを現認していない。

（まつおか・なおつぐ／痴漢えん罪被害者）

犯人はこうやってつくられる

運よく、東京高裁で逆転無罪の判決。
しかし、痴漢の犯人にされた怒りが収まろうはずがない。
痴漢被害者と東京都、国の三者に対し損害賠償を求めて提訴。

土方寿男*

「痴漢えん罪」賠償判決

驚くべき捜査の実態が明らかになったのは、東京都杉並区の会社員（四四歳）が起こしている損害賠償訴訟の法廷。まさに、痴漢被害に遭ったOLのB子さん（二六歳）の供述で、警察側が私を無理やり犯人として誘導していった疑いが浮かんできたのである。注目されるのはB子さんのこんな供述だ。「万一違っていた場合は私はどうしたらいいんですかと、検事のTさんに聞いたら、Tさんは、『安心してください』、『国と警察が動いているんだから大丈夫です』などと説得されました」、「起訴の後、私が泣いて『起訴を取り下げたい』と言った時、警察官のSさん、Tさんから『みんなが動いて警察がここまで動いているから後戻りはできないよ。ここでやめたら逆にあなたが訴えられてしまうんですよ。国民の義務ですから』と説得されました」。

傍聴席から見る小柄なB子さんは、絶えず困惑したような様子だった。尋問の受け答えも流されやすくはっきりしなかった。そんな彼女が「暗示をかけられ告訴を強要された」というような衝撃的な証言をしたのである。まさに「犯人はこうしてつく

*仮名

られる」という過程を見せつけられる思いがした。

犯人と思い込み

そもそも事件が起きたのは、一九九九年七月五日午前一〇時ころのこと。B子さんは、杉並区の自宅近くの路上で、バイクに乗った犯人からワンピースの裾をめくり上げられ、右手を下着の中に入れられて陰部をもてあそばれた。そのまま犯人はバイクで逃走した。しかし、三日後の七月八日午後一〇時ころ、彼女が自宅前の路上で友人と立ち話をしていると、目の前をヒゲを生やした男がバイクで通り過ぎた。「三日前の犯人だ」と、思ったB子さんは追跡。いったんは見失ったが、たまたまバイクにチェーンをかけていた私を犯人と思い込み、近くの交番に届け出た。

所轄の警視庁高井戸署は、私の尾行調査などを進め、七月二九日朝になって、自宅にいた私を強制わいせつ容疑で逮捕。東京地検は、八月一八日身柄拘置のまま起訴した。私は以後、しかも当初は接見禁止措置付きで、なんと、一八二日間も拘置された。この間、弁護側は何度も保釈申請を行ったが、東京地裁の松藤和博裁判官はことごとく却下。そして、翌二〇〇〇年三月一三日、私に対して懲役二年、執行猶予四年の判決を言い渡したのである。

警察が被害者を「その気」に……

私はすぐに控訴。半年後の八月二日に東京高裁で逆転無罪の判決が言い渡され確定した。しかし、いきなり痴漢の犯人にされた私の怒りが収まろうはずがない。逮捕以降の屈辱や苦痛もさることながら、約七ヵ月間収入が閉ざされた。運良く元の職場には復帰できたものの収入はそれ以前の三分の二まで落ちた。それなのに、私には何の謝罪もない。そこで九月八日、B子さんと東京都、さらには、国の三者に対して総額約一五〇〇万円の損害賠償を求めて提訴したのだ。

この間、開かれた口頭弁論は一二回、どうして私が痴漢の犯人とされたのだろうか。その疑問に、B子さんはまずこう証言している。

「痴漢に遭った直後、男の顔を見ていてギョロっとした大きな目で、黒い口ひげとあごひげがあったのは覚えています。ピンク色っぽい長袖シャツを着て黒い半キャップ型のヘルメットをかぶり、バイクは黒いスクーター型でした」、そして三日後の七月八日夜、通り過ぎるバイクの男と一瞬目があった。「あっ、あの人だ」と、いたずらした男の顔が浮かんだのは密集してきちんと刈り込まれた口ひげが印象に残っていたから。ヘルメットはかぶっていたものと同じように見えました。と、言うか、首から上の部分が犯人と同じイメージでした。私は、悔しいし、絶対に許せないという気持ちでいっぱいでした。でも、そのバイクは、今から思えば大きかったような気がします」。

逮捕前、B子さんが警察ではじめて「犯人」の写真を見せられた時の状況はこうだ。

「色紙に何枚も写真が貼ってあって、真ん中の写真は一枚だけバックがブルーで、免許証の写真だと思いました。目の印象がとても強かったので、一番から順番に写真の頭を指で隠して、ヘルメットをかぶせるように目だけを見ていき（五）の写真の目だけ『これだ』と思いました。じっくりと考えて『目の感じがこの人だと思いますけど』と、言いました。しかし、拡大コピーでなく、その人の免許証の実物写真を見ると、目が少し細くて違う感じがします」。逮捕当日、私を鏡越しに見たB子さんは、さらに不安をのぞかせている。「私は、犯人より太っていて茶髪だったので「『犯人は髪が黒かったのに茶色になっていたから犯人かどうか不安だ』と言ったら、『事件後だからつかまるまでの間に、カモフラージュのために自分で髪を茶色に変えたんだ』と、いうようなことを言われました。また、『当日の犯人の方が痩せていて、もう少し年齢が上のイメージがある』と言ったら、『絶対犯人でしょ。犯人だよね』と何回か聞かれ、念を押されました」。その後、調書が作成され、告訴状を提出されられる。「私は、不安要素がいっぱいあったので不安だということを言ったら『国が責任をとるから』と言われ、判子を押しました」。

元検事の原告側弁護士はこう指摘する。

「痴漢事件は被害者供述がとても重要だ。それなのに曖昧な認識で人一人が犯人に仕立て上げられたことを考えると、共同不正行為の責任がある。警察官は逮捕してしまった以上、引っ込みがつかなかったのかもしれない。検察官は、起訴の前に止められたはずだし、昔ならこんな曖昧な認定では上司の刑事部長や次席が通さなかった。一審の裁判官も裁量の範囲を逸脱しているのではないか。とくに保釈を却下しつづけた責任は思い」。

（ひじかた・としお／杉並バイク国賠訴訟原告）

山手線事件

悪い夢でも見ているのかと思った

安田圭祐*

警察署では、狭い取調室に入れられ、奥の椅子に座らされた。刑事が前に座った。ここからが恐怖の始まりだった。刑事が入れ替わり立ち代り、私を頭ごなしに犯人扱いをしだした。

ぎゅうぎゅう詰めの電車

二〇〇一（平成一三）年三月五日。それは起こった。いつものように朝、早く家を出た。昨日、一昨日と「ひなまつり」で雛人形を飾り、娘の初節句を祝ったので、そんな楽しかった余韻を残しながら、満員電車に乗り込み会社へと向かった。

乗り換えの山手線はいつもより混んでいるように思えた。階段の近くは異常に混んでいたので、あまり人が並んでいない場所を選び乗車したが、結局、後から後から人が乗ってきて、ぎゅうぎゅう詰めになった。秋葉原～東京駅を経て、新橋駅を過ぎたあたりで、前にいる女性の臀部に自分の手が挟まってしまった。その手を抜こうとして、少し動かしたが、これでは女性に不快を与えてしまうことは間違いないので、抜くことをあきらめた。不快を与えてしまうどころか、痴漢に間違われてしまうことを恐れていた。もうすでに、痴漢に思われてしまっているのではないかとまで考えた。急に恐くなった。

浜松町でどっと人が降り始めたので、その流れに任せて自分も降りた。痴漢に間違われてしまっているのではないかという思いが拭いきれぬまま、そのとき咄嗟に後ろの車両に移ろうと

*仮名

思い、その方向へ歩いていった。

私を頭ごなしに犯人扱い

一つ後ろの車両のドアがまだ開いていたので、そこから乗ろうと思った瞬間、後ろから見ず知らずの男に左腕を捕まえられた。どんなことを言っていたのか憶えていないが、強い力で捕まえられたまま階段の近くまでくると駅員がいて、その駅員にも押さえられ一緒に駅事務所まで連れて行かれた。あえて抵抗はしなかった。

確かに前にいた女性に不快を与えてしまったかもしれないけど、痴漢行為などはしていない。何も悪いことはしていないのだから、話せば分かってくれるだろうと思っていた。あとから被害者らしき女性も来た。女子高生だった。

しばらくすると、警察官が数人やってきて、一緒に駅事務室を出ると、そのまま浜松町駅の改札を出た。すると目の前にパトカーが止まっていた。それに乗り込んだ。間もなく愛宕警察署に着くと、小汚い事務所の中を通り過ぎ、狭い取調室のような部屋に入れられ、奥の椅子に座らされた。刑事が前に座った。ここからが恐怖の始まりだった。

いきなり私を頭ごなしに、犯人扱いし始めたのだった。「お前はやったんだろ！」「やったような顔してるんだよ！」「俺は長年の経験で一目見れば、やったかやってないかくらい分かるんだよ！」。どのくらい時間が続いたのだろう。その部屋から出ると、今度は別の部屋に入れられた。さっきの部屋とは違い、いかにも取調室という感じだった。

仕事のことが気になっていたので、会社に電話する許可をもらい携帯で連絡をとった。さっき妻に電話したことと同じことを上司に伝えた。そこでもまた五、六人の刑事が入れ替わり立ち代り、私を頭ごなしに犯人扱いをしだした。

午前中そんなことを繰り返され、意識が朦朧としてきた。私をあきらめさせる気でいるらしい。昼になって昼食の弁当を出されたがほとんど口にすることはできなかった。

午後も延々そんなことが続いた。写真を撮られたり、指紋をとられたりもした。指に薬品らしきものを付けられ、指先をビニールにかぶせマジックで爪のあとをなぞっていた。小さな布を舌に湿らせて、それを小さなビニール袋に入れていた。なんていう凝りにこった警察の自白大作戦。これは見事失敗に終わった。

それでも絶望感を味わったことにかわりはない。罪名は「強制わいせつ罪」。手錠をされ、ロープを腰に回されると「これからどこ行くか分かってるな！」と言われた。分かるわけねぇだろ。刑事二人と私と三人で車に乗った。もう外はほとんど暗かった。いったいどこ行くんだろうか。

手錠をされたまま車に乗っている。まったく信じられない。悪い夢でも見ているのか？ 長時間に渡る取調べで完全に疲れきっている私はそんなことを考えずにはいられなかった。

一行がたどり着いた場所は牛込警察署の留置場だった。

起訴事実

被告人は、平成一三年三月五日午前八時二六分ころから同日午前八時三二分ころまでの間、東京駅から浜松町駅に至る間を走行中の電車内において、同車に乗車中の○○○に対し、同女のスカートをまくり上げてそのショーツ内に右手を差し入れ、その陰部に右手指を挿入するなどし、もって強いてわいせつな行為をしたものである。（部分省略）

争点

主な争点はつぎの三つである。しかし、東京地裁、高裁ともに、被告・弁護側の言い分を退けて有罪判決（実刑一年六カ月）をくだした。

1 被告人の供述の信用性

①被告人は、上野駅で本件電車に乗車した後、進行方向左側のドア付近に乗車していたが、東京駅で後方から押されるようにして進行方向右側ドア付近に立つようになった。

しかし、東京駅以降も、被告人が立っていたのは、A証人（被害者）やB証人（男）が乗車していたと証言する車両最後部のドア付近ではなく、車両の中ほどのドア付近であった。

②当時の被告人の服装は、ハーフコートであるが、ダウンジャケットではなく、黒色布製のショルダーバックを右肩から掛けて左腰の側にまわし、左手で押さえていた。

③被告人は、新橋駅以降、右手の甲の部分が前に立っている女性の臀部に触れてしまい、手を抜こうとしてもぞもぞ動かしたが、なかなか抜けなかった。

④そのようなことをしていたため、前の女性に痴漢と思われるのではないかと心配になり、別の車両に移ろうと考え、浜松町駅で下車した。そこでB証人に痴漢であると決め付けられて

逮捕されてしまった。

⑤しかし、被告人は、犯行を一貫して否認しており、その供述内容は終始一貫している。

2　被告人と犯人の同一性について

①被告人が、本件電車に乗車していたことは事実であるが、被告人は、証人Aの後ろ、証人Bの前に立っていた男とは別人である可能性が十分にある。

被告人は、A証人の後ろ、B証人の前に立っていたという認識・記憶はなかったのであるが、本件電車に乗車中、「右手が前に立っている女性の臀部に触れてしまい、手を抜こうとしてもぞもぞ動かした」という事実があったため、前の女性から痴漢と間違えられたのではないかと考えていた。

しかし、車内における位置、服装、カバンの持ち方などの点で、A証人、B証人の前に立っていた男とは別人である可能性が十分にある。

被告人の車内における位置、服装、カバンの持ち方などの供述は、捜査段階から一貫している。ただ、被告人も、前述の事情により、前の女性から痴漢と間違えられたのではないかという気持ちがあったため、A証人の後ろに立っていたこと自体は間違いないと思い込み、そのように供述していたのであるが、A証人、B証人の証言を聞いて、自己の認識との相違に気がついたのであって、被告人の供述に変遷があるわけではない。

②仮に被告人が、A証人の後ろに立っていた男と同一人物であるとしても、A証人に対して痴漢行為を行った人物は、別の人物である可能性がある。A証人の供述によれば、痴漢行為は、後方から行われたものであるところ、被告人がA証人の後ろに立っていたとしても、後方には左方向も右方向もあり、被告人、A証人の供述からは、必ずしも、被告人が痴漢行為の犯人であると特定できるわけではない。

仮に被告人が、A証人の後ろに立っていた男と同一人物であるとしても、被告人がA証人のいた進行方向右側ドア付近に立つようになったのは、東京駅以降であり、それ以前は、進行方向左側のドア付近に乗車していたのである。

したがって、A証人の供述する、上野駅から秋葉原駅までの間に痴漢行為を行った者は、明らかに被告人とは別の人間であり、その男が、東京駅浜松町駅間にも被告人の左右いずれかに立っていて痴漢行為を行った可能性がある。

3　被害の誇張の可能性について

①仮に被告人が、A証人の後ろに立っていた男と同一人物であるとしても、A証人が、東京駅浜松町駅間において、被告人の右手がA証人の臀部に触れてしまい、手を抜こうとしてもぞもぞ動かしたという事実によって、被告人を痴漢と思い込み、その思い込みに基づいて、被害実態を誇張している可能性がある。

②特に、A証人は、上野駅から秋葉原駅までの間に痴漢行為に遭って、怒り心頭に達し、かつ、東京駅浜松町駅間において、被告人の右手がA証人の臀部に触れてしまい、手を抜こうとしてもぞもぞ動かしたという事実によって、また同じ人間が痴漢をしていると思い込み、その思い込みに基づいて、被害実態を誇張している可能性がある。

③A証人が被害実態を誇張している可能性は、A証人の証言どおりの犯行を再現しようとしてみると、これを行うことが不可能ないし非常に困難であること、仮にそれに近い行為を行うことが可能であったとしても、B証人やその他乗客にとって、あまりにも歴然と痴漢行為をしていることがわかってしまうこと、A証人が証言するほど過酷なわいせつ行為をされ、かつ、後ろの男性から離れたところに移る機会が十分にあったのに、後ろの男性から離れたところに移ろうとしていないことなどから推測される。

A証人は上野駅から秋葉原駅まで痴漢に遭っていたにも関わらず、秋葉原でいったん降りて、また同じ車両に乗り込み、同じ乗車位置にいたらしい。犯人はA証人と同じ行動をとったらしいが私は秋葉原駅では降りていない。

A証人はその後の秋葉原駅から東京駅までは痴漢はされていなかったとも証言した。しかし、B証人は秋葉原駅から東京駅までも痴漢行為をしていたと証言した。つまりB証人は、上野駅から浜松町駅までずっと痴漢をしていたと言っていることになる。

（やすだ・けいすけ／痴漢えん罪被害者）

西武新宿線事件

数々の合理的な疑問があるにもかかわらず、有罪

斎藤光治*＋鳥海準

起訴後に会社から退職を強要され職を失ってしまった。私は無罪を信じて疑わなかったが、懲役一年二月の実刑判決。事実も道理も無視したひどい内容である。私は即日控訴した。

ズボンはチャックじゃなくてボタンだ

事件当時、私は都内メーカーの会社員（三七歳）でした。二〇〇〇（平成一二）年一二月五日朝八時一〇分頃、西武新宿線高田馬場駅ホーム上をJR山手線乗り換え階段に向かって歩いていたら突然、専門学校生（一九歳）Hが私のダウンジャケットの袖を摘んで女友達Sの名前を大声で呼び、私のことを痴漢呼ばわりしました。

抗議するために駅員と改札口横にある交番まで行くと、警察官から「お前、ズボンのチャック降ろして、キンタマ触らせたんだってな?」と言われました。しかし私のズボンはチャックじゃなくてボタンだと、ズボンの前開き部分を見せたところ、警官は驚いた顔をして「えっ。今言われても困る。後で言いなさいよ」と言ってごまかしたのです。

その後ついていった戸塚警察署では、刑事から何度も大声で罵声を浴びせられ続けたので、痴漢していないことを供述調書に書かせるのが精一杯で、結局チャックの件は無視されてしま

＊仮名

い、逮捕されてしまいました。

翌日副検事の取調べにさらに愕然とした。Hのことをアトピー顔の女性とした刑事が書いた供述調書を読んで、「まるでこんな女、うす汚くて触る気にもなれないとでも言いたいのか！これは明らかに女性蔑視だ！」とひどい言いがかりをつけられる人格攻撃にあいました。なんとかチャックの件を喋ろうとしたのですが大声でバカ呼ばわりされ、喋ることすらさせてもらえず最後には「お前のずる賢い本性が見える。黙っていればただで済むと思うなよ。絶対に落としてやる！」と近寄ってきてヤクザのように凄まれてしまった。

勾留期限になってから、強制わいせつ罪で起訴され、起訴後に会社からは退職を強要され職を失ってしまった。しかし、勾留中に大勢の友人達が毎日のように留置場まで接見に来てくれ、私を励まし、保釈されるまで不安な家内を支えてくれた。九二日間の勾留後、第二回公判でH供述の翌日保釈（三月六日）。

間違いや矛盾に満ちた被害者の供述

H供述によると、田無駅でHはSと一緒に乗り込んだ後離れてしまった。犯人から右腰（床から八一センチ）に冬の厚い着衣越しに陰茎を押しつけられ、だんだん陰茎が硬くなってゆくのがわかったそうだ。鷺宮駅まで押しつけ行為は続く。鷺宮駅発車後、犯人を直接見ていないが陰茎を出したのがわかり、Hのまっすぐ垂らした右手の小指付け根付近（床から六五センチ）に陰茎が触れ、手を前に避けたところ、右手を捕まれ勃起した陰茎に触らされ、高田馬場駅到着直前までの十数分間、前後に擦らせされ続けた。抵抗して手を引っぱったが犯人の力が強くて手を離すことができなかった。被害の間は怖くて犯人の顔は見ていないし、犯人の陰茎はHの首の前に巻いたマフラーが邪魔で見えなかったらしい。同車内にいるSにメールで助けを求めて、鞄を持っていた左手で（コートのポケットに入っていた）フラップ式携帯電話を取り出して文字を打ち込みメール送信しようとしたが電波の送信状態が悪くて送れず一度で止めた。被害の間、犯人のダウンジャケットにもズボンにも触れず、服の中に手を持ってゆかれてもいない。高田馬場駅でドアが開き降りる直前になって犯人の顔を見た。ホームに出た後Sが近くにいるはずだと思って、犯人を捕まえてSの名前を呼んだ。

公判でHの友人Sが証言し、HとSの車内立ち位置が重なっていることが判明。しかも友人関係なのに、Hの言うことは日頃から信用できないという主旨の証言までされた。

私が犯人だとする証拠はHの供述以外何もない。しかし、H供述には明らかに事実に反する内容や矛盾点が多く、とても信用できるものではない。私は無罪を信じて疑わなかったが、東京地方裁判所の裁判官は懲役一年二月の実刑判決を言い渡した。

この判決は多くの点で事実も道理も無視したひどい内容である。私は東京高等裁判所に即日控訴した。

（さいとう・こうじ／痴漢えん罪被害者）

弁護人のコメント

事件の論点

西武新宿線事件は西武新宿線の鷺宮駅から高田馬場駅までの異様な出来事を容疑事実とするものであるが、ここでは、この事件の法律上・事実認定上の論点について摘示したい。

1　犯罪の存否について

痴漢事件において、立証されるべき事実は犯罪の存否と犯人性であるが、本件事件においてはそのいずれの要素についても、きわめて大きないくつかの疑問が存在する。まず、犯罪の存否そのものに関しては、

①被告人は、事件当日、膝まで達するような長いダウンジャケットを着ていたが、自称被害者は自己の申告する被害が一〇分以上にわたって継続し、しかも両名は車内で密着していたと証言しながら、同女の右手はダウンジャケットにまったく触れず、擦れるような音も記憶にないと証言する。この点は、犯人性を否定する有力な論拠ともなるものであるが、前提として、犯罪の存否自体について大きな疑問を生ぜしめる点でもある。

②次に、自称被害者は本件公訴事実の直前に同女の右手に陰茎が触れたと供述するが、当日の同女は、右手の指を完全に覆ってしまう袖の長いコートを着ており、特別の事情のないかぎりこのようなことは物理的に不可能であり、しかも、一審公判証言においてもなんら説得的な説明がなされていない。これも、犯罪の不存在を推認させる事実である。

③さらに、自称被害者はいわば犯行の前提事実とも言うべき行為を含めて考えると、田無から高田馬場までの長時間に渡り、からだを若干移動させたり向きを変えたりすることが全くなく（容易かつ効果的な回避行動の不存在）、かえって、このような回避行動の代わりに左手で友人に助けを求めるメールを打ったと証言している（このメールの発信の点は物証としては明らかでない）が、真に被害を受けた女性の行動としてはまったく不可解である。

④第四に、同女は事件発生の後、怖くて同じ車両には乗りこまなくなったと証言していたが、同女と同じ電車を利用しており、事件当事も同じ電車に乗り合わせた同級生の証言や事件後の弁護側の同時間の車両を移したビデオテープには自称被害者が写っており、同じ電車に何度も乗っていることが明らかとな

った。これは、犯罪の存在自体を疑わせる事後的間接事実である。

⑤以上の他にも、犯罪の存在自体を疑わせるいくつかの論点が存在する。にもかかわらず、一審判決は以上の点について具体的な検討を怠り、自称被害者の証言の「一般的信用性」を安易に肯定し、この「一般的信用性」から「直ちに」犯罪の存在を肯定するという認定手法を採用している。これは、いわゆる全体的印象的判断の典型であり、およそ弁護側のまともな反論に耐え得るものではない。

2　犯人性について

原判決の犯人性認定の論拠はやや複雑であるが、ごく大雑把に言えば、起訴事実以前の田無―鷺宮間の陰茎を押し付ける行為（第一行為）の行為者と高田馬場駅での降車直前の犯人と考えられる男性とは同一人物（被告人）であり、しかも、田無―高田馬場間では鷺宮での乗客の乗降を含めて周囲の乗客に移動はなかったと言うものである。

詳細な論点の解説は紙数の関係で不可能であるが、中心的な点を示すと次のとおりである。すなわち、

①第一行為の存在や第一行為の犯人性は、同女が「目」で確認したものではなく、認知手段としてはきわめて不安定な同女の臀部の感触を含めた「触覚」に基づく認知が証言の前提となっている。すなわち、「供述の質」としてはきわめて貧弱なものであり、供述を支える証拠（支持証拠）の存在が不可欠であるが、このような証拠はない。

②鷺宮駅での乗客の乗降からすれば、被告人と自称被害者の乗車位置の変更は不可避なものであるにもかかわらず、同女は自己の周囲の乗客にまったく移動がなかったことを前提とする証言となっていること。そして、被告人はこのような乗降の際の移動を前提として鷺宮駅以降は同女に接触していないと弁解しているにもかかわらず、一審はこのような被告人の基本的弁解をまったく検討していない。

③高田馬場駅での視覚的印象も乗客の降車直前であるため、第一行為の行為者との同一性は担保されていないこと

このように、本件事件は数々の合理的な疑問が犯罪の存否についても犯人性についても存在しているにもかかわらず、一審はこれらの疑問にまともに取り組もうとした形跡がない。「犯罪の証明がある」ということが、高度の蓋然性のあることを意味し、「高度の蓋然性」とは、反対事実の存在の可能性を許さないほどの確実性を志向した上での犯罪の証明は十分であるとの確信的な判断に基づくものでなければならないとすれば、この事件において無罪が言い渡されることは当然である。

（とりうみ・じゅん／弁護士）

痴漢えん罪の原因とその防止策

荒木伸怡　立教大学教授

女性から《痴漢犯人》と名指しされれば、犯人扱いされてのアリ地獄。電車に乗る男性すべてにとり、痴漢えん罪の防止は決して他人事ではない。痴漢えん罪事件の発生原因はなにかをさぐる。

一　痴漢えん罪は市民生活を脅かしている

痴漢が憎むべき犯罪行為でありその犯人の摘発が必要であることに、異論はない。しかし、痴漢を扱う刑事手続とその運用が痴漢えん罪を多数発生させている現状を、看過し容認することはできない。なぜなら、痴漢えん罪被害者の多くは、犯行を否認しているがゆえに長期間勾留されて失職や家庭崩壊を余儀なくされており、反省していないからと実刑を科されていて、一市民としての生活を根底から覆されているからである。身に全く覚えがなくとも、女性から痴漢犯人と名指しされれば、犯人扱いされてのアリ地獄。通勤のためなど電車に乗る男性すべてにとり、痴漢えん罪の防止は決して他人事ではない。

「痴漢事件には証拠が少なく事実認定が困難であり、痴漢被害者の言い分と被疑者・被告人の言い分とのいずれを信用するかにより決着を付けざるをえない」と、言われることが多い。しかし、このような認識は、客観的根拠を欠いた「虚偽」である。それにもかかわらず何となく説得力がありそうに見えてしまい、痴漢えん罪の容認に通じかねないこの「常識」の内容を分析し検討しておくことが、痴漢えん罪の防止に必要不可欠である。

痴漢行為を実行中にその手を被害者につかまれたなど、被疑者・被告人と痴漢犯人との同一性が明白なのが、典型的な自白事件である。ところが自白事件の中には、警察・検察官による取調べの過程で、否認を続けると身体拘束が続き実刑判決を受けることとなるなどと告げられて、失職等を免れるためにやむをえず、身に覚えのない痴漢行為を行ったと認め、痴漢被害者の供述に沿って作成された供述録取書に署名・指印をし、かつ、痴漢被害者との間に示談を成立させることにより、起訴猶予処分とされたり、起訴されても執行猶予付き自由刑の判決とされたりした事案、すなわち、本来は痴漢えん罪事件であるのに外見上は自白事件として処理されている事案も、多数含まれている。それ故、痴漢えん罪の防止策を考える際には、身に覚えがないと被疑者・被告人が争い続けている否認事件のみでなく、痴漢えん罪事件であるのに自白事件と扱われている事案をも、視野に入れるべきである。

二　事実認定は本当に困難か

否認事件および外見上の自白事件において痴漢えん罪の発生を防ぐには、捜査機関や裁判所が、痴漢被害者の述べる内容のような痴漢被害があったのか否か、および、被疑者・被告人がその犯人であるか否かについて、両者が別問題であることを自覚しながら、それぞれを確実な証拠に基づいて判断することが必要不可欠である。

否認事件における痴漢行為の内容について、痴漢被害者の主張するように、例えば陰部を手でまさぐられたのか否かを判断する証拠は、痴漢被害者の供述しかない。しかし、痴漢被害者の述べる被害態様が可能か不可能かや不合理か否かなどは、車内の混雑度・停車駅と車内の人の流れ・被疑者の服装・被疑者の股下の長さ・ホームの騒音等々、捜査機関にとり収集が容易であるのにそれらを収集していないので被告人・弁護人側が収集せざるをえない、客観的証拠ないし状況証拠に照らして判断すべきである。

携帯電話の使用を注意したことを恨まれて、被疑者が痴漢犯人であると警察に通報されて逮捕・勾留されたものの最終的に不起訴とされた事案などは、車内の混雑度を捜査機関が調べさえすれば、（自称）痴漢被害者による虚偽供述であると直ちに気付いたはずである。痴漢被害者からの事情聴取を重ねる毎に、（捜査機関の誘導に応じて）痴漢被害開始時点が時間的に前からに逆上り、かつ、途中で可能な回避行動をしていない事案では、時間的に前に延びた痴漢被害部分が虚偽であることが、状況証拠に照らせば明白である。すなわち、捜査権限を有する捜査機関にとり収集の容易な客観的証拠ないし状況証拠の確認・収集をせぬままに、（自称）痴漢被害者の供述のみに依存した事実認定を捜査機関が行っていること、および、検察官が起訴した以上はその証拠評価に誤りはなく、そのような痴漢行為が行われたと裁判所が事実認定してしまっていることが、痴漢えん罪事件の発生原因の一つである。

被疑者・被告人と痴漢犯人との同一性については、痴漢被害者の供述と、それを否定する被疑者・被告人の供述が、供述録取書や公判廷での供述として存在する。捜査機関や裁判所は被疑者・被告人と痴漢犯人との同一性についても、真面目な女子高校生や女子大学生である痴漢被害者が虚偽の申立てをするわけはないからなどと、痴漢被害者の供述のみを一方的に信用した事実認定を行っている。痴漢被害の有無について、そのように真面目な女性であれば、痴漢被害がないのに示談金の取得を目的とした虚偽の被害申告はしないであろう。しかし、被疑者・被告人が痴漢犯人であるか否かは、被害者が真面目な女性であるか否かとは無関係である。すなわち、被疑者・被告人が痴漢犯人であるか否かの事実認定は、痴漢被害があったか否かの事実認定とは独立に、かつ、客観的証拠ないし状況証拠に照らして行わなければならない。また、供述の信用性は、供述同士の対比によってではなく、客観的証拠ないし状況証拠との一致度により判断しなければならない。ところが、捜査機関や裁判所は、痴漢被害の有無と同一性認定とを混同してしまっており、しかも、痴漢被害者による同一性認定供述を安易に信用した事実認定を行っていることも、痴漢えん罪事件の発生原因の一つである。

被疑者・被告人と痴漢犯人との同一性に疑義のない事案は、前述した典型的自白事件となっている。これに対して、前述した外見上の自白事件は、客観的証拠ないし状況証拠が収集されていれば、同一性認定に疑義が残った事案であろう。また、典型的な痴漢えん罪事件は、同一性の有無が正面から争われている事案であり、かつ、捜査権限のない被告人・弁護人側が苦労して収集し提出した状況証拠を、裁判所が証拠採用しないか、または、たとえ証拠採用しても信用しなかった事案である。捜査機関は、捜査機関であるがゆえに収集の容易な、客観的証拠ないし状況証拠をきちんと収集すべきである。捜査機関や裁判所は、被害者供述や被疑者・被告人供述の信用性を、それらに照らしてきちんと判断すべきなのである。

痴漢えん罪被害者ネットワークは、痴漢被害者に被害の忍従を強いる運動ではない。痴漢行為はいわゆる幕を使って行われる犯罪であるから、犯人は脇や背後の男性ではないことが多い。痴漢被害者は、痴漢被害にその場で耐え続けていることなく、痴漢犯人の手を犯行中につかまえてその服装を確認するなど、同一性識別に誤認の恐れがなく、それゆえに痴漢えん罪の加害者とならずに済むような、摘発方法を是非採るべきなのである。

（あらき・のぶよし）

座談会

痴漢えん罪・家族の闘い

突然、痴漢えん罪事件に巻き込まれたのは、夫だけではない。その妻や子どもたちも「被害者」である。
そして、この妻と子どもたちの理解や支えが、闘いを続けていく上で欠かせない存在である。一家の大黒柱を長期間拘束され、妻たちは、どのようにして家庭を守り、夫とともに闘っているのか。三人の奥さん方に心中を本音で語ってもらった。（長崎さんを除いて仮名）

自己紹介から

司会　本日はお忙しい中、お集まりいただきましてありがとうございます。まずは自己紹介からお願いします。

長崎　私は「長崎事件」の妻の長崎です。現在は四六歳です。一九歳の長男と一二歳の長女がいます。事件当時は、長男が一五歳で高校受験を目前に控えた中学三年生。長女が六歳で、小学校一年生でした。

斎藤　私は「西武新宿線事件」の妻の斉藤です。現在は三六歳になります。小学校四年生と小学校一年生の男の子二人です。事件当時は、小学校二年生と五歳の保育園でした。

大村　私は「大村事件」の妻の大村です。現在は三一歳になります。六歳の男の子と三歳の女の子がいます。事件当時は、上の子が三歳。下の子は一歳になったばかりでした。

事件をはじめて聞いたとき……

司会　ご主人が事件に巻き込まれたのをはじめて聞いたときどう思いましたか。

長崎　まさに晴天の霹靂でした。仕事場に、夫の上司の方から、電話がきましたので、仕事上のミスをしたのかなぁと思いましたけど、本人が電話をできないということはどういうことなのかなぁと思いました。さらに、上司の方は「電話で話せないから」とわざわざ私の職場近くの喫茶店まで来てくださって、「長くても四八時間だから、そしたら出られるから。本人も『やっていない』といってる」といわれました。私も、間違えだろうと思いました。

斎藤　私も仕事をしているので、家に戻ってきた六時三〇分に戸塚警察署から「ある事情でご主人は勾留されています」との、電話がありました。何で勾留されているか理由を訊ねると、「それは直接、本人から聞いてください」といって、一切応えてくれない。だから、喧嘩したのか、事故に巻き込まれたのかと、夫の会社の同僚に電話して、確認したんですけど、どなたもご存知なくて、夜中の一二時に当番弁護士さんから電話があり、全てを伝えられました。それから、姉に相談して、弁護士を紹介してもらいました。主人が保釈で出てくるまでは、姉が心の支えでした。

大村　午後、息子を幼稚園に迎えに行って、帰ってきたとき、高輪署から連絡がありました。「お宅のご主人が電車の中で、若い女性にイタズラをしたので、今、警察に来てもらっているので、会社のほうに連絡をしてください」といわれました。私は気が動転して、何をどうやって説明したらいいのかわからないまま、会社に電話をしたら、朝の段階で、主人から「痴漢に間違われた」という電話があったことがわかり、会社のほうも「何かの間違えでしょ」といっていただいて、ようやく正気を取り戻しました。再度、警察に電話して、「主人はやったといっているのか」と聞きましたら、「やっていない」といっていると刑事さんが応えたので、知り合いの弁護士さんをお願いしたり、実家に相談したりしました。

子どもにどうのように話したか

司会　いまのこの時代、世界中どこにいても、電話できないという状況は絶対にありえませんよね。そんな中、お父さんは突然、いなくなって、数カ月帰ってこない状況の中、お子さんにはいつ、どのようにして伝えましたか。

長崎　息子にはその日に全て話しましたが、娘には「出張になったから帰ってこれない」と言いました。そしたら娘が「でも、お父さん、何もいってなかったヨ」と何回も何回もいわれてしまって……。息子の怒りは激しくて「そんな女、殺してやれ」といっていました。そういうことを言葉にするのはいけないとは注意しましたけど。娘には、毎日、詰め寄られてもいえなかったんですけど、隠しきれずに、一週間後に「間違えて警察の人に連れて行かれたけれども」と言いましたたら、「お父さんはヤッてない」と、娘も言いましたが、ウチは団地なんですけど、夏ごろから変質者が出ていて、学校でも先生が授業中に、小学校一年生だから女の子に限らず、可愛い男の子もイタズラされるから「絶対に、そういう時は大声出しなさい」とか「一人でエレベーターに乗らないように」と、細かいことを先生が話したときに、そのことと、ウチのお父さんのことが重なったみたいで、「ウチのお父さんは犯人じゃなーい！」と大声でいって、泣き出してしまったらしんですね。

そのことがあったから、先生には誤解があってもいけないと思って、個人面談のときにお話したんですけどね。

斎藤 次男は「お父さんは」と一言もいわなかったんですけど、長男のほうが「お父さんは、お父さんは」と半狂乱みたいになりました。仕事がら長期出張とかこれまでにもありましたが、そのときは必ず長男に「お母さんをよろしくね」といって出かけていたものですから、それが、今回、一言もなくいきなり消えたでしょ。だから、「お父さんは、悪い上司に捕まって、電話もできない山の奥地に調査に行ったの。お母さんとは手紙のやりとりしているからね。でも郵便屋さんもなかなか行けないところなの」と嘘をつきましたが、私が弁護士先生や姉と長電話するものですから、怪しんでいました。クリスマスもお正月も帰って来なかったですからね。

年末年始を姉の家で過ごしたんですけど、その時に、次男のほうが四〇度の高熱を出しまして、五日間ほど入院したんですね。そのときはじめて、ベットの上で「お父さん」といったんですよ。ああ、この子なりにガマンしていたんだなというのがわかり、胸に込み上げてくるものがりました。お父さんはいない、私は次男の病院に付きっきりで、長男が一人姉の家にいたんですけど、そのときに「ボクは一人になっちゃった」といって震えていたそうです。年が明けて、はじめて面会のときに、状況を全部話して、主人から子どもたちに手紙を書いてもらうようになったんですね。そしたら、子どもたちも落ち着きました。

司会 それでは、まだ、子どもさんたちは知らないのですか？

斎藤 いえ、一審の判決で負けて、子どもたちに話しました。そしたら、長男は「ボク知ってたよ」って。私たちが裁判や弁護士などの話をしていたの聞いていたんですね。そして、「裁判官て悪いヤツなんでしょ」っていって、抗議文を書きました。

大村　ウチはまだ、子どもが小さかったので、話せなかったですし、今も話していないです。ただ、夜鳴きはしてましたね。「お父さん、どこへ行ったの。いつ帰ってくるの」と。今でもたまに、後遺症なのか夜鳴きしたり、「お父さんは」と確認するようなことがあります。

闘いのなかで辛いこと

司会　闘っていく中で一番辛かったこと、たいへんだったことは何ですか。

斎藤　闘い方がわからいというのが一番辛いです。

大村　そうですね。一日も早く出してあげたいけど、その方法がわからにない。ゼロからですからね。私たちがしてあげられることとって何があるのかわからないのが一番もどかしいです。

長崎　本当にそうですね。特にウチの場合は、この種の事件の口火を切ったということもあり、ノウハウは何もなかったですよ。弁護士さんに顔を出して闘わないと説得力がないといわれれば、そうかなと思うし、流れに任せて行くしかなかった。

斎藤　まさか、起訴されると思っていないし、まさか裁判で負けると思っていないですからね。

大村　そういう意味では、何の証拠もなく、被害者の女性が間違えて「この人です」といった後、どんな状況になっているのかわかっているのか。たぶん知らないと思います。突き出しておいて、カヤの外というのはヘンですよね。危機感というか、責任をもって突き出しているのかということを、その女性に会って聞いてみたいです。

長崎　私たち女性ですから、痴漢には会っているので、被害状況を聞かされると、明らかに、そんな行動はしないというおかしな点がいっぱいありますよ。

大村　私たちが、被害女性に問い質したいことは、たくさんありますし、夫を陥れ、平穏な家庭を潰した女性はいったい、どんな顔をして、どんな生活を送っているのか見てみたいというのはありますね。

斎藤　本当に、そうですよね。感情としては、司法が法律を率先して破るのであれば、我々だって、法を破ってまで夫を助けたいと思いますよ。

司会　まだまだ、語り足りないことがたくさんあると思いますが、紙数にも限りがあるものですから、後日また、この拡大版を企画し実現させたいと思います。本当にありがとうございました。

（了）

「STOP！　痴漢えん罪」を合言葉に！

私たちは痴漢などしていません！
無実のものを犯罪者とする日本の警察、検察、裁判所を変えるために、どうか皆さんの力を貸して下さい！

市民（読者）の皆さん、私たちは電車などで痴漢に間違われ、「何もしていない」ということを言い続けたために、長期の勾留をされた上、裁判にかけられ、十分な証拠もないまま有罪にされました。警察、検察、裁判所によって人権を踏みにじられた者です。

私たちは痴漢など、絶対にしていません。無実の者たちを犯罪者に作り上げる日本の警察、検察、裁判所を変えるために、どうかみなさんの力を貸して下さい。

私たちは二〇〇二年七月一五日に「痴漢えん罪被害者ネットワーク」を一三名の当事者によって結成しました。

私たちの中には、無罪となった者三名、不起訴になった者一名（うち、国家賠償請求の裁判中の者が一名）。裁判中の者が六名。再審請求準備中の者が三名（うち、一年近く服役した者一名、迷惑防止条例違反の罰金刑が一名）など、さまざまです。

私たちは、短い者で三週間、長い者は三〇〇日にも及ぶ長期勾留をされました。どうしてこんなことが許されるのでしょうか。

私たちは、女性に電車の中などで「痴漢！」として訴えられましたが、それを裏付ける証拠は、女性の証言だけしかなく、客観的な物証は何もないのです。しかも、その訴えた女性さえ、痴漢現場を目撃していないというありさまなのに、現行犯逮捕され、起訴されるのです。

警察と検察は長期の勾留を裁判所に請求しておきながら、証拠を調べるでもない、現場検証をするでもない、女性の証言や被告人の証言の裏取りをするわけでもないのです。

ただ、「早く白状しろ」「オマエがやった」を繰り返す取調べが続きます。

自白が取れないと分かると、「どうなるかわかっているんだろうな」などの脅しや、痴漢を「認めたら出してあげる」と嘘の自白を強要します。

そして、裁判所もまた、この目撃者もない、客観的証拠もない、女性の証言しかない状況を追認し、簡単に「有罪」判決をだしてしまうのです。

こうした中で、私たち一三人以外にも潜在的な「痴漢えん罪被害者」はたくさんいます。

その大多数が、警察、検察、裁判所と信じていたものに裏切られ続ける孤独な闘いを強いられています。さらに、会社をクビになったもの、奥さんに離婚を迫られ、家族や愛息と涙ながらに別れた者、多額の裁判費用を払うために、たいへんな経済的な苦しみなど、さまざまな苦労を背負い込んで闘っているのです。

それまでの人生が、一八〇度変化してしまい、何度も自殺を考える、刑務所へ入れられる恐怖と闘っているのです。

警察、検察、裁判所に無実の人の人生を狂わせ、社会から、人生から抹殺する〝特権〟など存在しません。

市民（読者）の皆さん、これは決して他人事ではありません。電車を利用しているひとならば、誰でも自分が当事者になる可能性があるのです。

そして今、長期の勾留から一〇〇％近い有罪がきまっていて、最近ではほとんどが実刑というなかで、弁護士からも嘘の自白をして執行猶予をつけてもらうよう薦められる状況が生まれています。憲法で保障された裁判を受ける権利さえ奪われようとしているのです。

私どもの関連のホームページにほぼ、毎日、一通は「主人が無実で捕まりました、助けてください」という悲痛な叫びのメールが届きます。これが現実なのです！

私たちは、無実のものを犯罪者として作り出す警察、検察、裁判所を絶対に許すことができません。無実のものが、日々犯罪者とされてしまっている、この日本の国の司法を、どうしても変えなければなりません。

痴漢行為は許すことのできない犯罪です。しかし、痴漢えん罪もあってはならないものです。私たちは、痴漢犯罪と痴漢えん罪の両方をなくしていくために努力していきます。

私たちは、自分自身の無実を証明し、この日本の司法のあり方を変えていくために、小さな力ですが、全力を尽くして行きます。無実のものが、これ以上、犯罪者とされないために、私たちのこの取り組みへ力を貸していただけるよう、心からお願い申し上げます。

二〇〇二年一一月二六日

痴漢えん罪被害者ネットワーク一同

http://www.rikkyo.ne.jp/univ/araki/chikanenzai/

		④2002年11月15日　最高裁判決［1年6ヶ月実刑確定］
加藤事件	東西線 東陽町〜門前仲町	①2000年11月21日　事件発生［強制わいせつ・勾留255日］ ②2001年　東京地裁有罪判決［1年6ヶ月実刑］ ③2002年　東京高裁［現在審理中］
外房事件	外房線快速	①2000年12月4日　事件発生［強制わいせつ・勾留173日］ ②2001年1月15日　千葉地裁有罪判決［1年6ヶ月実刑］ ③2002年9月13日　東京高裁有罪判決 ④2002年9月13日　現在最高裁上告中
西武新宿線事件	西武新宿線 高田馬場ホーム上	①2000年12月5日　事件発生［強制わいせつ罪・勾留92日］ ②2001年12月6日　東京地裁有罪判決［1年2ヶ月実刑］ ③2002年12月5日　東京高裁判決予定
山手線事件	山手線新橋駅	①2001年3月5日　事件発生［強制わいせつ罪・勾留212日］ ②2002年3月8日　東京地裁有罪判決［1年6ヶ月実刑］ ③2002年8月26日　東京高裁有罪判決 ④2002年8月26日　現在最高裁上告中
東武東上線事件	東武東上線 成増駅	①2001年7月11日　事件発生［強制わいせつ・勾留120日］ ②2002年4月4日　東京地裁有罪判決［1年4ヶ月実刑］ ③2002年　月　日　東京高裁［現在審理中］

痴漢えん罪裁判リスト

	発生現場	年月日	判決
長崎事件	西武池袋線 桜台〜池袋間	①1997年10月1日 ②2000年3月13日 ③2000年12月13日 ④2002年9月26日	事件発生［条例違反・勾留21日］ 東京簡裁有罪判決［罰金5万円］ 東京高裁有罪判決［罰金5万円］ 最高裁判決［罰金5万円確定］ 現在、再審請求準備中
大田事件	総武快速線 船橋〜錦糸町	①1998年1月27日 ②2000年4月12日 ③2001年4月11日	事件発生［条例違反・勾留28日］ 東京簡裁無罪判決［検事控訴］ 東京高裁無罪判決［確定］
佐脇事件	JR東海道線 川崎〜品川	①1998年2月5日 ②2000年8月11日	事件発生［条例違反・勾留13日］ 東京簡裁無罪判決［確定］
伊藤事件	埼京線 池袋〜新宿間	①1999年4月13日 ②1999年11月18日 ③2000年5月17日 ④2000年9月22日 ⑤2000年10月23日〜2001年8月3日	事件発生［強制わいせつ罪・勾留307日］ 東京地裁有罪判決［1年2ヶ月実刑］ 東京高裁有罪判決 最高裁判決［1年2ヶ月実刑確定］ ［未決通算と法定通算を引いた約10ヶ月間、刑務所へ］ 現在、再審請求準備中
杉並バイク国賠	杉並区路上	①1999年7月5日 ②2000年3月13日 ③2000年8月2日 ④2002年9月6日 ⑤2002年9月	事件発生［強制わいせつ・勾留182日］ 東京地裁有罪判決［懲役2年、執行猶予4年］ 東京高裁逆転無罪判決［確定］ 国家賠償請求訴訟棄却 現在控訴中
沖田国賠	中央線国立駅	①1999年9月2日 ②1999年12月28日 ③2002年4月19日	事件発生［条例違反・勾留21日］ 不起訴処分 国家賠償請求訴訟［現在審理中］
日比谷線事件	日比谷線北千住駅〜東武線西荒井駅	①1999年10月22日 ②2001年2月27日 ③2001年8月30日 ④2001年9月3日	事件発生［条例違反・勾留3日］ 東京簡裁有罪判決［罰金5万円］ 東京高裁有罪判決 現在最高裁上告中
大村事件		①2000年5月30日 ②2001年　月　日 ③2002年8月　日	事件発生［強制わいせつ罪・勾留約150日］ 東京地裁有罪判決［1年6ヶ月実刑］ 東京高裁有罪判決

痴漢えん罪関連文献案内

①池上正樹著『痴漢「冤罪裁判」――男にバンザイ通勤させる気か!』(小学館文庫)小学館、2000年11月

ルポライターの池上氏が、痴漢えん罪事件4件について取材し、その原因、問題点を探る。痴漢えん罪の恐ろしさについてはじめて紹介した。あわせて、「痴漢冤罪」をどう防ぐか、トラブルに巻き込まれない方策も伝授。なお、佐藤善博弁護士の「解説　現代の日本でなぜ痴漢えん罪事件が多発するのか」も収録されている。

②「特別企画　痴漢えん罪事件と刑事司法の病理」季刊刑事弁護26号(2001年4月)現代人文社、2001年4月

日本弁護士連合会刑事弁護センターが同年2月に行った「連続する痴漢えん罪事件の弁護活動経験交流会」の記録。

3事件について各担当弁護士からその弁護活動の報告と、痴漢えん罪被害者と弁護士によるパネル・ディスカッション「日本の検察官・裁判官の存在意義を問う」が収録されている。日本の刑事司法における痴漢えん罪事件の特色と弁護活動の難しさが浮き彫りにされている。

③小田中聰樹・佐野洋・竹澤哲夫・庭山英雄・山田善二郎=再審・えん罪事件全国連絡会編『えん罪入門』日本評論社、2001年7月

痴漢えん罪事件だけでなく、その他のえん罪事件についてその概要と問題点を指摘する。痴漢えん罪事件についてはマンガ入りで解説する。えん罪事件の背景や構造から説き起こしているので、痴漢えん罪事件についてより深い理解の助けになる。

④長崎事件弁護団編『なぜ痴漢えん罪は起こるのか――検証・長崎事件』(GENJINブックレット22)現代人文社、2001年12月

痴漢えん罪事件の一つである長崎事件について、弁護団が総力をあげて徹底的に分析する。裁判所が、弁護側の反証を無視して「被害女性」の「証言」だけでいかに有罪判決を下すかが理解できる。

⑤名古屋弁護士会・刑事弁護委員会編『刑事弁護ニュース』25号(2002年4月)名古屋弁護士会、2002年4月

名古屋弁護士会の会員に配付されるニュースであるが、名古屋周辺における痴漢えん罪事件の特集を組んでいる。担当弁護士の事例報告、座談会が収録されている。

●痴漢えん罪被害者ネットワーク
連絡先：〒171-8501　東京都豊島区西池袋3-34-1 立教大学法学部荒木伸怡気付
FAX：03-3497-0768
E-mail：mnsn@mxj.mesh.ne.jp
HP：http://www.rikkyo.ne.jp/univ/araki/chikanenzai/

GENJINブックレット34
STOP！　痴漢えん罪——13人の無実の叫び

2002年11月26日　第1版第1刷

編　者●痴漢えん罪被害者ネットワーク
発行人●成澤壽信
発行所●株式会社現代人文社
〒160-0016　東京都新宿区信濃町20　佐藤ビル201
振替●00130-3-52366
電話●03-5379-0307（代表）
FAX●03-5379-5388
E-Mail●daihyo@genjin.jp（代表）
hanbai@genjin.jp（販売）
Web●http://www.genjin.jp

発売所●株式会社大学図書
印刷所●株式会社ミツワ
装　丁●清水良洋

検印省略　PRINTED IN JAPAN
ISBN4-87798-113-6-C3032

図解

痴漢えん罪はなぜ起きるのか

痴漢えん罪の原因を探っていくと、個々の事件によってさまざまであるが、共通する原因はこれだ。

被害女性

- 混雑した電車内で犯人の誤認
- 示談金欲しさの嘘の申告(意図的な陥れ)

↓

捜査(警察)

- 「被害女性」の言い分のみで逮捕
- 痴漢性犯罪撲滅キャンペーン
- 一度逮捕してしまうとメンツから起訴へ持ち込もうとする
- 男性の言い分を無視
- 犯人と決めつけて自白を強要
- 「虚偽自白」 否認すると長期勾留→解雇・失職の恐怖
  略式罰金の「誘惑」

↓

捜査(検察)

- 警察捜査を鵜呑み
- 警察捜査をチェックできない
- 「被害女性」の言い分のみで起訴

↓

裁判所

- 「被害女性」供述の正確性・真実性をチェックしない
- 弁護側の反証を無視
- 科学的・物的証拠の無視
- 《疑わしきは被告人の利益》の無視

↓

えん罪発生